বিপন্ন বন্ধু

তাপস জানা

EditionNEXT
editionNEXT, Kolkata, India
www.editionnext.com

"Bipanna Bandhu" :: A Collection of Bengali Poems by Tapas Jana

International(USA) Edition

Cover: Uday Bhattacharyya

First Edition: December 2024

Publisher: Mousumi Bhattacharyya
FD 16/1, Baguiati, Kolkata- 59
Website: editionNEXT.com
Facebook: facebook.com/editionnext
Twitter: twitter.com/editionnext
eMail: Link "Contact Us" in editionNEXT.com

উৎসর্গ

নারী মুক্তির প্রতীকের প্রতি
আহ্বান

এসো ,এসো সর্বশক্তিমানিনি,
বিনাশ কর যত অন্যায় অত্যাচার অনাচারের মনি।

এসো, এসো দুর্গামনজননী অসুর বিনাশিনী,
করুণা করে বাঁচাও তোমার অভয়া রমনী।

এসো, এসো খড়্গধারী কালি কার্তায়নী,
রক্ষা করো যত সৃষ্টি নারীর মান, সম্ভ্রম, মহান ইজ্জত।

এসো, এসো আদ্যাশক্তি মহামায়া, দশভূজায় দৈবশক্তিধারিনী,
বধ করো যত অশুভ শক্তি অত্যাচার, অবিচার,
নিপীড়নকারীকারী।

এসো ,এসো স্বমহিমায় প্রশিক্ষিত মুষ্টিযোদ্ধানী, লাঠিয়ালিনী রণে
তলোয়ারধারী বীরাঙ্গনা,
হও কীর্তিমানি বধিয়া তোমার নৃশংস বর্বরাচিত ধর্ষণকারী।

ভূমিকা

সত্যিই আজ আমরা মহাবিপন্ন, আমাদের যে দশদিক রহিআছে প্রতিটি কোণের রন্ধ্রে রন্ধ্রে ছেয়ে গেছে অরাজগতা, অত্যাচার, অন্যায়, অবিচার, উৎপীড়ন, নিপীড়ন শোষণ বঞ্চনার একরাশ হতাশা। যেদিকে তাকাও নৈরাশ্য, নৈরাজ্য একাধিক স্বার্থান্বেষীর প্রভাব শিক্ষা-স্বাস্থ্য, সীমানা, খাদ্য, নারীত্বে সর্বাধিক চলিতেছে বিভীষিকাময় জীবন যাপন। রাজদণ্ড থেকে গণতন্ত্রে, একাধিক গণতন্ত্র প্রধান হইতে চলিতেছে নিরন্তর সংগ্রামের উত্তাল আন্দোলন। সৃষ্টিরূপী মাতৃভূমি আজ কলুষিত। দেশপ্রধান, রাজ্যপ্রধান জনগণের সুখ, শান্তি দিতেছে বিসর্জন। কৃষিমাত্রিকা আজ সৃষ্টি বিমুখ অনুৎসাহ। ডিজিটাল মিডিয়া বা সোশ্যাল মিডিয়ায় বই পাঠক পাঠিকা পাঠে বিমুখ, তাই আজ দশদিকের প্রান্তিক কোন থেকে আমি বলিতেছি, হ্যাঁ আমি বলিতেছি! আগামী প্রজন্মের তরে যে অবিরাম সংগ্রাম তা শিক্ষার মাধ্যমে, বই পাঠের মাধ্যমে, সর্বদিক মীমাংসা করা যায়। ক্ষুধার্ত সহ্য করিয়া থাকা যায়, মূর্খতা সহ্য করিয়া থাকা যায় না। শিক্ষার্থী নিয়ে আসে ক্ষুধার্তের পরিপূর্ণতা।

ধর্ম, আমাদের লতাপাতার মত আশ্রয়, বিভিন্ন লতাপাতা যেমন অবলম্বন ধারণ করিয়া বৃক্ষপরি নিজেকে বিস্তার করিয়া আলোর পথে গমন করিয়া থাকে তদ্রূপ আমরাও ধর্মকে আশ্রয় করিয়া জীবন যাপন করিয়া সমাজ তথা বৃহত্তর রাষ্ট্রগুলি সভ্যতার দিকে এগিয়ে যাইতেছি। লতাপাতা রূপ যেমন বিভিন্ন প্রকার, বিভিন্ন বৃক্ষে অবলম্বনে আশ্রয় গ্রহণ করিতেছে, সেই রূপ। মানব মানবীর বৃহত্তম সংসার হাজারো ধর্মের উপর আশ্রয় গ্রহণ করিতেছে। ধর্মের সারসত্ত্ব, গুনাগুন না বুঝিয়া কিছু মাতব্বরি, অন্ধ ধর্মাদ্রোহী অপরাপর ধর্মের প্রতি অযথা অযৌক্তিক ভাবে বিদ্বেষ, ঘৃণা পোষণ করিতেছে, তার পরিনাম বারুদযুদ্ধ দশ দিকে গন্ধে ভরিয়া, মৃতাদের হাড়ের পাহাড়, রক্তের নদী বহিতেছে। আর পড়িয়া আছে সভ্যতার দোমড়ানো মোজড়ানো লোহার রড,রক, রক্তমাখা মাংস ইট পাথর।

কাব্যগ্রন্থ প্রসঙ্গে

জনগণ স্বাভাবিক অবস্থা থেকে অস্বাভাবিক হইয়া উঠিতেছে। তাদের যে আচরণ বিধি থাকা প্রয়োজন সেটা তাঁদের মধ্যে আর দেখা যাইতেছে না, তার ফল স্বরূপ, আমাদের চারিপাশে বিষাক্ত পরিবেশ সৃষ্টি হইয়াছে। আমাদের নির্বাচিত যে, দশ দিক যে যার অবস্থান হইতে তার স্বাভাবিক অবস্থা হারাইয়া বিপন্ন হইতেছে। পূর্ব-পশ্চিম উত্তর-দক্ষিণ অন্তর্ভুক্ত মহাদেশের অঙ্গ রাষ্ট্রগুলি বিপন্ন হয়িতেছে। উর্দ্ধে অধে প্রতিটি কোণে কোণে স্বাভাবিক অবস্থা হারাইয়া আজ মহাবিপন্ন। উর্দ্ধে চলিতেছে পরমাণুর বিস্ফোরণের আধিপত্য, অধে চলিতেছে খনিজ ধ্বংসের তাণ্ডব লীল; হারাইতেছে ঋতু বৈচিত্র্য। অভ্যন্তরীণ নিরন্তর চলিতেছে বিশৃঙ্খলা, অন্যায়, অত্যাচারের ফলে হারাইতেছে স্বাভাবিক জীবন যাপন।

পৃথিবী সৃষ্টির উষালগ্নে বায়ুমণ্ডল ছিল নির্মল, সতেজ, প্রাণবন্ত তাই প্রাণের অস্তিত্ব দেখা মিলেছিল, সেদিন হইতে সমগ্র বিশ্বে প্রাণী জগতের সৃষ্টি, ক্রমান্বয়ে আজকের মানুষ। পূর্বে নির্বাক মানুষগণ যাযাবর বৃত্তি নিয়ে খাদ্য অন্বেষণ করেছিল তখন তাদের মধ্যে কোন ভেদাভেদ, সংঘাত, দ্বন্দ্ব ছিল না যখন বন থেকে শস্য দানা বীজ নিয়ে এসে বীজ বপন করিয়াছিল নদীর পাশে, চাষাবাদ শুরু করিয়াছিল; ক্রমে আজকে কৃষি মাতৃকা বিশ্বের সৃষ্টি। কৃষিকে কেন্দ্র করিয়া ক্ষণপদ, জনপদ, কেন্দ্র করিয়া রাজা, রাজ্য জয়, সাম্রাজ্য, সম্রাট হইবার ফলে মহা সংগ্রাম যুদ্ধে পরিণত, পরিণতি; মৃত্যু সম্মিলিত হাড়ে পাহাড়, রক্তে নদী, আনন্দ সম বিপরীতে নিরানন্দ। আজ ও অব্যাহত রক্তে অস্থিমজ্জায় দেশে দেশে নিরন্তর যুদ্ধ।

প্রতিটি কবিতাটিতে বিপন্ন শব্দটি ব্যবহার করা হইয়াছে। বিপন্ন শব্দটি অভিধানিক অর্থ খারাপ,বা ত্রুটি বা বিপদ। কবিতা বইটির মধ্যে, যার যেরূপ স্বভাব, আচার-আচরণ, গুণ, উপাদান, জ্ঞান, বিদ্যা, বুদ্ধি, শাসন, স্নেহ, মায়া মমতা, কর্তব্য, নেয়, সত্য, স্বাভাবিক থাকা উচিত তা অস্বাভাবিক; অনুচিত হইয়া উঠিতেছে তাহাই বিপন্ন।

যেমন, উদাহরণস্বরূপ দরজাটি বিপন্ন অর্থাৎ দরজাটি খারাপ, দেশ বিপন্ন অর্থাৎ দেশের শাসনব্যবস্থা খারাপ খারাপ, ত্রুটিযুক্ত; নারীত্ব বিপন্ন অর্থাৎ নারীরা অত্যাচারিত, ধর্ষিতা এইরূপ অর্থে বিপন্ন শব্দটি বারবার ব্যবহৃত হইয়াছে।

আশা করি এই কবিতাটির মাধ্যমে সামাজিক পটভূমি তুলে ধরা হয়েছে একজন পাঠক, পাঠিকাকে আলোর পথ দেখাতে পারি; সেটাই আমার লেখার সার্থক।

বিনীত

তাপস জানা

সূচিপত্র

সূচিপত্র

সূচিপত্র

সূচিপত্র

মহা বিপন্ন

বিপন্ন! আজ আমরা মহা বিপন্ন! আজ মহা বিপন্ন!
দশ দিক বিপন্ন! দশ দিক বিপন্ন!
যেদিন, ক্ষণপথ থেকে জনপদে,
ক্রমে ক্রমে বাড়ে সর্বগুণান্বিত দশনেতা
প্রভাব বলে, একনায়কতন্ত্রে অভিষিক্ত রাজা।
ক্ষুদ্র পরিসরে জাগরিত রাজা সম্রাটে,
হলো বুদ্ধিনাশ ছাইলো মৃত্যুপুরী অশ্রুতে হ্রদ
তোমার মহা আনন্দ বিপরীতে মহানিরানন্দ হাহাকার,
তোমার শাখা প্রশাখায় শ্রীবৃদ্ধি;
পরাজিতের মরা গাছের আগুনে জ্বলা মর্মর করা ভাঙ্গা ডাল।
পরের প্রজা সৈন্য পশু মেরে কি সুখ পেলে?
বলো নৃপতি, বলো বলো নৃপতি!
কি মূল্য ইহার যদি না থাকে জীবকুল।
প্রতিকোণে কোণে তুমিও।
তুমিও একদিন পরাজিত হবে,
যেভাবে তুমি, তুমি করলে এ আজ,
যুগে যুগে চলে আসছে ঠিক এইভাবে
কেন করিব? পর রাজ্য জয়।
রণে রণে মহারণেবিশ্ব!
ইতিহাস বলে করুন বিবরণ,
তাদের সম্মিলিত যোগে
নদী বয়ে যেত শণিতধারায়
মনুষ্য ওলিম্পযুদ্ধে, বহনকারী পশুর হাড়ের সমষ্টিতে অচল হতো।
আজ ও বিরাজ করে বিচিত্র বিশ্বে,
হিরোশিমা নাগাসিকা, ইরান লিবিয়া সিরিয়ার যুদ্ধ,
আমেরিকা ভারত, বাংলাদেশ আরো স্বদেশ স্বাধীনতা!
বিশ্বযুদ্ধ ভিয়েতনামের ফল স্তুপাকৃত হাড়! স্তুপাকৃত হাড়!
মিলিত, মিলিত হলেই হিমালয় হার মানে,

তোমাদের বারবার রণত্রাশে।
মাতৃরা শঙ্কিত, শিশু দুগ্ধ পানে,
জনক জননী, গৃহবধূ তনয় তনয়া ও সর্বজনের
হৃদয় কাঁপছে ভূমিকম্প সম;
বিশ্বের জনক জননী কাঁদে মহাকলোল কান্নার ধ্বনিতে।
সকলজনক ভুলে গেছে বিশ্ব শান্তির বার্তাকে,
কুকর্ম পিতার রক্তে বয়ে চলে শিরায় শিরায়;
পরদেশ গ্রাস! পরদেশ গ্রাস!
আরো পররাজ্য জয় রণমহাহুংকার ধ্বংসের মহাউল্লাস!
বন্ধ করো, বন্ধ করো, এ ঘোর তামাশা।
আজও বিরাজ করে বিচিত্র বিশ্বে।
এখনো উত্তরশুরির শিরায় শিরায় বয়ে চলে পরদেশ গ্রাস,
কুটে, লুটে, জোটে,বুটে, মগযন্ত্রে অকল্যাণে বিশ্বকাঁপে।
মৃত্যুর প্রাচীর টপকায় সেই বিকলাঙ্গকেও আবার করে আলিঙ্গন!
বন্ধ করো, বন্ধ করো এ ঘোর মহা বিপন্ন কাল।

বিপন্ন জীবনের সুখ

বিশ্ব সৃষ্টির মূলে প্রাণের সৃষ্টি,
দৃষ্টি দিয়েছিল বিশ্ব প্রাকৃতিক
পরাদ্ধ যুগে যুগে সৃষ্টিশীল ভূমিতে।

সকল সৃষ্টির উপাদান গুণে,
সৃষ্টির মহাউন্নত বুদ্ধিমান,
স্বপ্রাকৃতিক বিশ্লেষণকারী মানুষ;
বিশ্ব মহামানব সাগরে রত্নজনগণের।

জীবনের সুখ খুঁজতে খুঁজতে চাও?
দিয়ো জনে জনে বিশ্ব জনে,
প্রেম সুধা, জ্ঞান সুধা, অমৃত কথা;
আছে বিপরীতে মুখে মুখে থাকে শুধু, শুধু
কুব্যবহার কুজ্ঞান কুকথা।

চলতে সাহায্য আশ্রয়দানে অর্থদানে
উপার্জনের কিছুটা থাকে যেন রক্ত ধারায়,
নেই সুধা নেই জ্যোতি আছে শুধু,
স্বার্থ, ঘৃণা, দাসত্ব প্রভুত্বে;
অবিরত ধরাধামে বিপন্ন জীবনের সুখ যে।

বিপন্ন কৃষক

জীবের বৃদ্ধি কাদের দান
সে কথা ভেবেছো কি?
ক্ষণকাল!
ত্রিভুবনে দিল যারা প্রাণ,
খেচর, ভূউপরিজীব, ভূনিম্নস্থ জীব,
সকল জীবের জননী।

তারা পায়নি সম্মান পুরস্কার মর্যাদা,
লেখেনি কেউ ইতিহাসের পাতায়
সৃষ্টির উষা কালে
হিংস্র পশুর হাত থেকে
বীজ এনে ঘরে মরে, বেঁচে চাষ করে
প্রাকৃতিক বিপর্যয় মড়োকে, মহামারীতে
তবুও ক্ষুদ্র বৃহৎ ভিন্ন ভিন্ন প্রান্তে
চাষ করে চাষ করে।

যুগ হতে যুগান্তরে
তারা খেটে খেটে অসহায় ভাবে মরে,
উত্তরাধিকারীরা হয়নি উন্নতি, ডুবে থাকে
ঘোর অবনতিতে শিক্ষার অন্ধকারে;
ছিন্নবস্ত্র পরে জীর্ণশরীরে বিদীর্ণমনে
স্বপরিবারে ছেয়ে যায় মাঠে মাঠে,
রোদ বৃষ্টি জল ঝড়ে, শীত ও উত্তাপে।

এক মনে কাজ করে
জীবকুলকে বাঁচাতে,
নদীপ্লাবনে বানডাকে
হৃদয় ভাসে অশ্রু জলে

ঘর পড়ে ঝুপঝাপ,
গৃহহীন কৃষককুল, কৃষিমূল।

উৎপন্ন কে নিয়ে সর্ব বিশ্বজনকরে
মজুতদারী, আড়ৎদারী দালাল ব্যবসায়ী,
নির্মিত রকমারি সাজাও বিপণনে,
প্রচুর করেছ অর্থভারী, গৃহপরি গাড়ি,
পেয়েছ সম্মান তাদের হাড় মাংস খাটা চাষাবাদে।

এককণা পাইনে তারা সর্বহারা,
তোমরা আন্দোলন কর, বিপ্লব কর কর অনশন
তাঁদের একরাশ নিরাশা, হতাশায় নীরব আর্তনাদ মৃত্যুমিছিল।
এক পলকেরতরে ও দেখনা, বুঝনা
মার খায় প্রাণ যায় নিষ্ঠুর কৃপণ প্রকৃতির,
তবুও ইহাদের পরম দান।

টেনে তুলো হাত ধরে
প্রাণ ফিরেপ্রায়,
মৃত হাড় মাংসে।

কেউ ফিরে তাকায় না
জীবন দাতাদের
আজও মরে বিপন্নতার গ্রাসে।

মাতৃত্ব বিপন্ন

বিদ্যালয়ে পাঠরত
ছাত্র-ছাত্রীতে পরিচয়,
সবার পিছনে মৌন মনে
অমনোযোগী বসে থাকে অবিরত।

যাওয়া আসাতে একা একা
খাওয়া ঘোরাতে একা একা,
সদাই ভাবে মনে মনে
হৃদয় গভীরে কেটে কেটে যায়।

পিতা ছেড়ে রক্ষককে নিয়ে থাকা,
এ যুগের বিপন্ন মাতা,
বাঞ্ছিত বঞ্চিত, হয় পরিত্যক্ত
অবাঞ্ছিত নিয়ে মাথা কুটে
যতই হোক না কেন ত্রুটিযুক্ত,
সে যে পরম কাঙ্খিত চিরদিনের আলো;
যতই হোক না কেন ত্রুটি মুক্ত
সেজে দপদপ করা হ্যারিকেনের
কার্বন ভরা অবাঞ্ছিতআলো।

কেন ছেড়ে ছেড়ে এলে?
মোরপিতা কুল মান সমাজ,
আমরা কি পারি থাকিতে?
মাথা উঁচু করে উঁচু করে,
তোমার কুকীর্তিকলাপে।

মোর চিত্ত, বৃত্ত যায় জ্বলে জ্বলে
একবার ভেবে! দেখো!
সন্তানের ক্রন্দন সন্তানের ক্রন্দন,
নিজেকে বিপন্ন না করে স্মরণ করো যুগাবতারনিদের, নারীদের,
সাবিত্রী, অনুসূয়া, নলদমঅন্তী আরো অনেক।

ভ্রাতৃত্ব বিপন্ন

পাশাপাশি ঘর মোদের
থাকি ভাই, ভাই ভাইয়েরা,
ছোট-বড়ো অট্টালিকার পরে;
সকাল হলে যাই আপন আপন কাজে
কেহ নাই দেখি, ঘরে ফিরে ফিরে
ঘুরে ঘুরে ফিরে, তারে তারে,
কে, কি কেমন করে আছে।

পিতা মাতা জমি জমা টাকা কড়ি এদিক ওদিক নিয়ে,
বাঁধে ঘোর হিংসাবিবাদ মারপিট কোর্ট কাচারিতে,
আপদে বিপদে অভাব অভিযোগ অসহায়ে
বিচার করি নাই পরস্পরে বিবেকে;
ভ্রাতৃদ্বন্দ্ব হত্যা যুদ্ধ বিদ্রোহ
লেগেই থাকে সময়ে সময়ে।

মুখে মুখে বলি
খবরে কাগজে পড়ি
জনামত গড়ি,
দোকানে দোকানে
রাস্তাঘাটে, হাটে মাঠে
ভ্রাতৃবোধ আলোচনা,
উদাহরণ সাজি রামায়ণ, মহাভারতের
যুগে যুগে ঘটছে।

ভ্রাতৃ বিপন্ন কর্মকাণ্ড
কেন? করব আর, এসো
আপনে আপনে মিলে
হই বড় শক্তি ধর বাঁচিবার।
জলে দুধ মিশে পরিমাণ বৃদ্ধি পায়,
জলে তেল কভু মিশেনা
বিপন্ন হয় তাতে।

বিপন্ন সাথী

আমি একা বসে বসে ভাবি
প্রতি ক্ষণে ক্ষণে,
কেউ নেই আমার চারপাশে
সবুজ গাছপালা ছাড়া,
কম্পিত হৃদয়
বিগলিত অশ্রু ধারা।

সে যে এক রঙিন, স্বপ্ন, রঙিন স্বপ্ন
নাড়া দিয়েছিল বিকশিত সুন্দর হৃদয়ে
উদার আকাশের মত,
নবযৌবনে, নবযৌবনে।
সে ছিল এক শিক্ষিত প্রিয়ার মুখ ও বাক্য
সবকিছু ভুলে,
অতি আপনজন দূরে রেখে
হৃদয় ভরে দিয়েছিল সর্বক্ষণ;

কাজে, মাঠে, ভ্রমণে যত্রতত্রে
যেমন হাওয়ার সাথী
ফুলের সৌরভ ছড়ায় ব্যাপিয়া।

কোন অজ্ঞাতকারণে?
কেন? চলে গেলে অবুঝ মনে
আমায় তুমি বুঝতে পারোনি?
করনি মূল্যায়ন বিশ্লেষণ
আমার হৃদয়ে ছিলে,
সর্বনাশা ঘূর্ণিঝড়ের সাথী।

যেমন করে জগৎকে মারে

ধূলি, বজ্রাঘাত, উদ্ভিদ ফেলে,
তবুও আলো দেখায় অপরূপা বিদ্যুৎলতা।

বর্ষায় জমে থাকা হৃদয় আশা,
বিসর্জিত করে দিলে আমায়
শারদ উৎসব দুর্গা আনন্দ জমিয়ে
যায় যেমন করে দেবী বিসর্জনে।
আজও আমার হৃদয় বিপন্ন
জীর্ণ ঘুনধরা বাঁশ যেমন করে,
পড়ে থেকে রাত জাগে হাটের মাঝে।

বিপন্ন কিশোর-কিশোরী

বেড়ে উঠে সমাজের বুকে
পিতা-মাতার হাত ধরে,
বয়ে চলে বিপন্ন সমাজে;
যদি না অগ্রগামীরা সুবর্ণময় পথে চলে
তাদের পদাঙ্ক সিঁড়ি এরাও চলবে।

সকাল হলে কাগজে দেখতে পাই
কত না নগ্ন সমাজের বীভৎস রূপ,
হত্যা! বন্ধুর প্রতি, বালক বালিকা দশ দশাই নষ্ট,
অর্থ জ্ঞানেপুষ্ট অশিক্ষিত বর্বরেরা
অর্থ চায় প্রাণ নাচে নাশে বালক বালিকার;
হয় শিরোনাম কাগজ ধর্ষিতা কিশোরীর মৃত্যু।

ওরা আগামী দিনের কান্ডারী,
গুঁড়িয়ে মাড়িয়ে দিচ্ছে পথেপথে,
নেশার বিষ খাচ্ছে সাজানো প্রসারাতে;
পুড়িয়ে উড়ায় তামাক ঝিমায় হিরোইনে,
রক্ষক, পরোক্ষ নরদানব রাক্ষস।
তবুও পেট ভরেনা! ওদের
কুশ্রীবিজ্ঞাপনে শিকার বাড় বাড়ায়,
মোবাইলে আত্মমগ্ন নিশিদিন;
শিক্ষা কর্ম সম্মান গৌরব বিজয় গেল, খেলা ধুলিস্যাৎ,
দিচ্ছে আজ সকল বলিদান।
তরুণ তরুণী রাত কাটাচ্ছে
যত্রতত্রে নিষিদ্ধপল্লী নৈশ গৃহে।

তাই আজ পিতা-মাতাগন সদা জাগ্রত
সর্বদা চিন্তা মগ্ন সর্বক্ষণ কি হয়! কি হয়!
কবে হবে উদয়! সবাকার, সবাকার?
বাঁচাতে! ঘোর অন্ধকারে নিমজ্জিত সমাজ,
যুগে যুগে তরুন তরুণীকে বিপন্নতার হাত থেকে।

বিপন্ন বন্ধু

বন্ধু সকলের আছে জীবজগতেও পশুতেও,
স্থায়িত্ব নেই বেশিদিন জগৎজনের
দ্বন্দ্ব লাগেই ভিন্ন ভিন্ন স্বার্থ নিয়ে;
বিচ্ছেদ হয় চরম ঘৃণা ভোরে।

দেখেছি শুনেছি মৃত্যু আনে বন্ধু হলে,
বন্ধু যে হয় চরম শত্রু সেই ক্ষণে,
ঘরে ডেকে এনো না বিপদ যেন!
বন্ধু কখনো কোনোদিন ওপ্রায় আপনজন নয়!

বন্ধুকে নিয়ে হয় উত্তেজনা
আপদে বিপদে যে জন থাকে স্বার্থ ভুলে
সেজন হয় প্রকৃত বন্ধু,
কৃষ্ণ সুদামার কথা জগত জনে জানে
বন্ধুরা আজ মহা বিপন্ন
হইওনা কুরুচিপূর্ণ বন্ধুর শরণাপন্ন।

বিপন্ন রাত

দূরে ওই শহর তলে
ঘুমিয়ে আছে সব বিভোর,
যত সব বসবাস ব্যবসায়ী ও অফিসারেরা,
আমি একা রাত জাগিয়া গ্রামবাসী।

আকাশ আজ এত ঘনঘটা
পূর্বহাওয়া বয় থেকে থেকে
সহসা ঘন ঘন মেঘ ছাইয়াআকাশ
বাজ পড়ে ঘন ঘন হৃদয় ঝলসানো বিদ্যুৎ
নামিল বৃষ্টি অপূর্ব সৃষ্টি।

মনে মনে ভাবি বৃষ্টি,
আজ ডুবাবে বুঝি!
নামিল বৃষ্টি মুষলধারা,
সবুজে সবুজ ক্ষেত হইল সাদা,
রাতে ভাবি আগামী দিন হবে কি?

মনে মনে ভাবি আজ ডুবিবে বুঝি!
বলিতে বলিতে প্লাবিত,
প্লাবিত জনভূমি জানে গ্রামবাসী;
বলিতে বলিতে প্লাবিত দূরদৃষ্টি।

হইতেছে বৃষ্টি মুষলধারা
সাদা সাদা, ওই সবুজ খেত,
রাত্রে ভাবি আগামী দিন হবে কি?
সবার সবার হৃদয়ে আর্তনাদ।

হবে কি? প্লাবিত দুঃখী গ্রামবাসী

হবে কি! কি হবে
খাব কি?
বন্যা এলো বন্যা এলো
ভাবিতে ভাবিতে ভোর
বন্যা এলো ত্রাণ এলো।

প্লাবিত প্লাবিত গ্রামময় গ্রামময়
প্লাবিত প্লাবিত!
বাজে শঙ্খ বাজে শঙ্খ জানায় গ্রামবাসীগণ
এটাই ছিল তখন নিয়ম,
দরজা খুলে দেখি বিপন্ন গ্রাম খানা।

বিপন্ন পক্ষী

পক্ষীকুল হচ্ছে খুন
লোভী মানুষের নেই হুঁশ,
যাদের নিয়ে লিখছো কাব্য
তারাই হচ্ছে জীবের খাদ্য।

প্রকৃতির সর্বমুখী ঋতুপন্য
স্বাস্থ্য সম্পদ করতে হচ্ছে অগ্রগণ্য
তোমরা বাঁচবে তারা কেন মরবে?
পৃথিবী তোমার আমার সবার।

আমরা কেন অধিকার কাড়াব
বুদ্ধি বলেই, বিদ্যাবলে, কলে, জালে
তাদের করছি নাশ,
তাদের নিয়ে গর্ব করি
জাতীয় পক্ষী করে;
বই খাতায় টাকায় স্ট্যাচু মূর্তিতে
অথচ চারিদিকে তাদের করছি বিনাশ
তারি ফলে আজ ভারসাম্য, বিপন্ন।

বিপন্ন শিক্ষক

গুরু বিনা ভালো জীবন গড়বেনা
পরম গুরু জীবনদাতা পিতা মাতা,
পরের গুরু শিক্ষা গুরু শিক্ষক
আদিযুগের সমাজ বন্ধু মানে গুনে;
বর্তমানে সমাজ শত্রু কর্ম গুনে।

যাদের দানে ঝুড়িঝুড়ি টাকা গুনো
তাদের বুকে ছোবল মারো,
এত এত পেয়ে আরাম করো এত খেয়ে
ছাত্র-ছাত্রী পেটের ভাত কেন মারো?
শিক্ষাপেতে ভিক্ষা মাগে জনগণে,
কর্মভুলে নেটে নটে মনের মতো
রসের মজা মনের ক্ষুদা হর্ষে কেন মেটাও?
দামি দামি মোবাইল পেশায়।

ছাত্র-ছাত্রী পুত্রসম্ মারধর কেন ক্রোধপরি,
শিক্ষা পেতে যে জন যায় তারা কেন মরে?
কুকীর্তিতে শিরোমনি বিস্ফোরণ সংবাদে
জড়ের থেকে প্রাণের সৃষ্টি;
চেতনাদের প্রাণের বিলুপ্তি
বিপন্ন শিক্ষকেরা কেন করো? নগ্নসমাজ।

বিপন্ন কিশোরী

বিপন্ন প্রিয়ার হাসিমাখা মুখখানি
কত ছিল আশা
মুখে ছিল ভাষা,
কুসুমমুখী কৃষি তনয়া
বিদ্যামুখী বিদ্যার্থীদের
সঙ্গে সাথে জ্ঞানীমুখী যেত স্কুলে;
পুস্তক ব্যাগে গ্রাম্য ইটের পথটি ধরে।

বেড়েছিল গ্রাম্য প্রকৃতির কোলে
মনের হর্ষে,
কি যেন তাঁর হৃদয় খুঁজে
যুগপথ পড়ার সাথে সাথে
কাদের বলবে সে মনো ব্যথা
নব্য টিনেজ হরিণীযে।

হায়! হায়! হায়! হঠাৎ,
কি মহাকাল ঘটলো
চাঁদমুখীর মুখখানাতে;
কে ছুড়িল কে ছুড়িল রে
অ্যাসিড, মুখপানে
আতঙ্ক আতঙ্ক গ্রামময়
এ ঘোর চেতনার ব্যর্থ নিশাকাল।

যারা করিল জঘন্য কাজ
সেই ভাবে জ্বালিয়ে দাও,
তাদের নিষ্ঠুর বর্বরতা
বুঝিবে তখনই অন্যের করা যন্ত্রনা।

আজও কাঁদে, কাঁদে জাযো বেনিখাযনো
দেশবাসীর ঘরে ঘরে
লাঞ্ছিত বঞ্চিত নিপীড়িত
বিবেককোনি বিবেকমুখী।

যাদের গর্ভে দেব দেবী মহাপুরুষের জন্ম
তারা আজ সর্বত্রে নীদারুণ আর্তি।
সমাজকর্ম বিপন্ন, মানব চেতনা বিপন্ন;
মহা সংকটকাল, ঘরে, বাহিরে বিপন্ন নরনারী! বিপন্ন নর নারী!

বিপন্ন পশু

নিখিল অরণ্যে বিশ্ববরেণ্য
আদিজীব জঙ্গলের অলংকার,
আবদ্ধ চিড়িয়াখানায় দর্শন সম্পদ
যুগে যুগে কৌতুকের বন্য পশু আমরা
নেই দয়া মায়া বিবেকহীন মনুষ্যত্বের;
করছো বিনাশ ঘরে ঘরে
ধরে ধরে করেছো নিধন।
নিচ্ছো কেড়ে বাসস্থান ঈশ্বর দাবানলেও
আমার বেলায় নেই কোন অগ্নি নির্বাপন।
মারছ গুলি অর্থ বৈরী করছো বিষাক্ত বায়ু,
আমাদের নিয়ে চিন্তা করো না
দিনে দিনে হচ্ছি যে হ্রাস।
আমাদের নিয়ে গর্ব কর জাতীয় সম্পদের,
প্রকাশ অভয়ারণ্য উদ্যান রচিছ,
মোদের নিয়ে গর্জন করো সম্মান পেতে
তবুও ধ্বংস হচ্ছি দিনে রাতে।
ঘোরবিপন্নতা বাস্তুতন্ত্রে
বন্ধ কর নিধন কান্ড;
সুরক্ষা দাও, খাদ্য দাও, নিভিয়ে দাও দাবানল
সংস্থান করো, অন্নসংস্থান, অন্নসংস্থান।

বিপন্ন পিতা-মাতার স্বর্গধাম

বুকে কত আশা গর্বে তারা বাসা,
প্রহর গুনে মনে মনে
মঙ্গল শঙ্খধ্বনির শব্দে শুনে ছিল মায়ের প্রথম ভাষা
সেএক কৃষক তনয়।

ক্রমে বাড়ে সকল সর্বাঙ্গ সুন্দর পরিচর্যায়, কুসুম পুষ্পসম শিশু কাল গেল আনন্দখেলায়,
বাল্যে বিকশিত পাঁপড়ি গঠন পরিচর্যায়।
যৌবনকাল মুক্ত বিকাশ
প্রজাপতি মৌমাছি সম ডানা মেলে
মোহ মায়াজাল দূর পানে,
সুপ্ত পিতা মাতা হবে।
দীঘার সৈকত বড়ই আনন্দ ভ্রমন। সমুদ্রস্রোত ঢেউ স্নানে নিল প্রাণ।
ছাড়ে জন্মভূমি ছাড়ে পিতা মাতা
জন্মভূমির পরে জন্মভূমি রয়,
বিপন্ন হয় পূর্ব পিতা-মাতার স্বর্গধাম।

বিপন্ন বাংলা

দেশে দেশে ছিল বাংলার নাম
আজ তা তোমরা করছো খানখান,
তোমাদের উদ্ধত্যাচার স্বৈরাচারীতে মৃত্যুপুরী;
ছেয়ে গেছে দিকে দিকে অসম্মান।

যারা করেছিল সর্বাগ্রে স্বাধীনতা সংগ্রাম,
রচিতে বাংলার বীর বিপ্লবীশহীদের জন্ম,
তাদের মূর্তি বাহুবলে ভেঙ্গে কর টুকরো টুকরো,
যে বাংলায় আধ্যাত্মিক বিপ্লবের বিবেকের জন্ম;
বিবেকহীন কাজ করিতেছ নিষ্ঠুর অমানবিকতায়।

শিক্ষিত মূর্খ ভদ্রবেশি দৌরাত্মারা
দয়া জ্ঞানী পিতৃমাতৃভক্তি নিঃস্ব বিদ্যাসাগরের,
বাংলায় আজ ঘরে ঘরে স্বার্থের উপদ্রব।
নোবেলজয়ীদের বিজ্ঞানী নতুন উত্তরণের
সাহিত্যের দিকপালের দিকপাল হাজির।

সবাই আজ মারনজা তাঁকলে নিমজ্জিত, তোমাদের বুদ্ধির কষাঘাতে।
খেলেছিল যারা দেশের বাহিরে,
এনেছিল জয়ের সম্মান ব্যান্ড বাজিয়ে,
হাবুডুবু খাচ্ছে অর্থের পিপাসায়।

হাবুডুবু খাচ্ছে অর্থের পিপাসায়
পদ লোভেদ্বন্দলাগে নেতায় নেতায়
হারিয়ে যাচ্ছে কলাকৌশলের সম্মান শিক্ষায় দীক্ষায়,
এযুগের উঠতি তরুণ খেলোয়াড়েরা।

যে মাটিতে কৃষ্ণ চৈতন্যের অধিষ্ঠান,

আকাশে বাতাসে ঘরে ঘরে নিত্য বিরাজমান
কেন? অধঃপতন মহামানবের পুণ্যধাম।

উৎসবের শিরোমনি দুর্গাপূজা মানবমণি
বিশ্বে ভাসে বাংলার নাম সমউজ্জ্বল,
কেন? কেন? তাদের সংহার করো
কলিরদুষ্টু উচ্ছশৃংখল ক্ষমতালোভী দানবেরা।

তোমার রাজ্যতরী চালাতে
ঘরে ঘরে করে দিচ্ছ নেশাঘর!
আপামোর জনগণের মৃত্যুর কামান দাগাচ্ছো,
কাকে নিয়ে বাইবে তরী যদি না থাকে মনের মানব মানবী?

জননী কাঁদিছে হাহাকার করে
নিত্য প্রতি ঘরে ঘরে,
আমার সন্তান-সন্ততি গেছে ঘরের বাইরে
তারা কি আসিবে ফিরে?

এসো! এসো! মানব দরদী দেব দেবী
আমাদের মনের অন্তরে জাগাও সুমতি,
তোমার অবুঝ অবোধ সন্তানদের দূরকরো
গর্বের যশের বিপন্নবাংলা সুপন্নেগড়তে।

বিপন্ন ছাত্র

প্রায় ঘরে ঘরে রব উঠে
ছেলে গেল মোর রসাতলে,
ভ্রূণে ছিল তার স্বপ্নে ভরা
পুত্রপুত্রী হবে মোর প্রিয় যশে ভরা।

দিন যায় রাত যায় বছর বছর
শিশু হলো একে একে ছাত্র জীবন,
কাঁধে পিঠে বইয়ের ব্যাগ নিয়ে
পড়াশোনা না করে স্কুলে গমন।

ঘুরে ফিরে গাছে চড়ে পড়ুয়া
চারিদিকে যত কুকাজে রত্নে ভরা,
পিতা-মাতার অবাধ্য ছলে
সারাদিন রাত মোবাইলে নেটে মেলে।

যত তারে বলি জ্ঞানের কথা
দশের কানে শুনি, নেশায় বুক ভরা
শাসন করলে পরে, বলে,
তোমরা কী পেয়েছ লেখাপড়া করে?

বলে, দেশে ঘরে শিক্ষার নেইকো কোন মান
তাদের ওই দেখি কুকীর্তির বর্বর দান,
কান্ডারী দিচ্ছে নেশার দোকান!
মুখেতে তবু তাঁর যশের গান।

ছাত্ররা সব সমাজ রাষ্ট্র প্রকৃতি সংস্কৃতি দেখে,
একে একে ধনী গরিব ব্যবসায়ী অফিসার পুত্র
যায় এরা এঁকেবেঁকে বিপন্ন পথে;
চাষী, কুলি, দিনমজুর শ্রমিক পুত্র নিপড়ুয়া সৃষ্টির রথে।

বিপন্ন মাতার কান্না

বিদ্যাসাগর! বাছা, তুমি কোথায়?
সেই আকাশ, সেই বাতাস জল গাছপালাভূমি,
সব তো রয়েছে;
বসুন্ধরায় আজ যেন জনসাগরে স্রোত চলেছে,
সারি সারি চাঁদের হাট বসেছে,
কিন্তু কয়টা দিতে পারলাম আমি বৎস;
তুমি বর্ণপরিচয় থেকে স্বাক্ষর গদ্যের জনক
পিতৃমাতৃভক্ত সত্যেরকথা,
কর্ম কর্তব্য ব্যথা,
অন্যায় আপোষ মাথা নত করো না,
নিঃস্ব হয়েও নিঃস্বার্থ নিঃস্বের সেবায় ব্রত,
নারী শিক্ষায় অগ্রদূত স্কুল স্থাপনেও,
বিধবাদের দুর্গতির গতি,
বহুবিবাহ প্রতিরোধের মাথা,
রোগীদের জ্যোতি,
কৃষিশিল্প, ব্যবসা, শিল্প সমাজের যুক্তি পথের প্রসার,
একটিও কি সন্তান দিতে পারলাম সমাজে! তোমার মতন, আজোও
তোমার মতন আজোও, আমি।
মাতৃগর্ভ বিপন্ন মাতৃআকাশ বিপন্ন, মাতৃ উপাদান বিপন্ন
মাতৃ সৃষ্টির সমাজ বিপন্ন।

মহানুভের ভাবনা-বিপন্ন

মহান দেশের মহান নেতা
মনে মহানুভব মহামুক্তসংগ্রামী মনোঅভিপ্রয়াস,
মহীয়সীশয় মহিমায় মনিহারগণের।
মহাবরেন্য মর্মরগণি
মহাসাগর মার্গপরে
মুক্তিআনিতে মহারণ,
মাতৃআহ্বান মুক্তিসংগ্রাম
মনিপুরের মনি।
মাতিলেনরণে মুখেবন্দেমাতরম
মহানদেশের মানভঙ্গ মানিরাজবংশের।
মুক্তি, মুক্তি মুক্তি হয়েও মরণমহাগণের
মাতিল মোহ, মোর মোর
মহাপক্ত মামলা মহিমায় মেয়ে
মহাভাবনাবিপন্ন মেদিনীসন্তানসন্ততিদের।

যুব শক্তির চেতনা বিপন্ন

ভারত পুত্র যুবশক্তির পরম পিতা
দেশের চিন্তায় ধ্যানমগ্ন স্বামী,
ভারত মন্ত্রকথা জাগরণ পাশ্চাত্যের দ্বারে;
স্বদেশ স্বরূপ আত্ম উপলব্ধি যার,
নিঃস্বের সহায় ভারত দর্শন অনন্ত মা ভগিনীর।
যত্রতত্রের সম্মুখে সম্মেলন শুধু নামেই ছবি দেওয়ালে,
মন্দির মূর্তিতে ভক্তিহীন মাল্যদান,
অন্তঃসারশূন্য বিবেক বাণী আরাধনাহীন
ভন্ডামিতে ভরা বিভিন্ন যঞ্জ্যকাণ্ডে,
চেতনার বিলুপ্ত যুব জনগণের,
স্বদেশ গড়ার যুবমন্ত্র বিপন্ন
আজ ঘরে ঘরে।

বিপন্ন হৃদয়

ছাত্রাবাসে থাকতো বিজ্ঞান বিভাগের
শান্ত শিষ্ট লম্বা চাওড়া গৌরাঙ্গ বর্ণের নির্মল।
সন্ধ্যা আগত আর্নিক ছেড়ে পাঠরত,
সহসা শুনে দরজার টোকার শব্দ
ধীর শব্দে বন্ধদার কম্পিত নির্মল
প্রবেশিত নবাগত আহবনে
মনে হয় না জানি কি হয়?
একুশ বছরে চাঞ্চল্য হৃদয়ে।
অবাক পানে চাহি অতিথির মুখপানে
ক্ষণকাল ভাবে পড়ে ওঠার আগে
বলে,অংক গুলো বুঝতে পারিনা,
শিখিয়ে দেবে, জটিল সমাধান গুলো,
সম্মত হলাম তৎক্ষণাৎ হ্যাঁ, দেব,
সপ্তাহে তিন দিন আসে নিয়ম মেনে
মন দিয়ে লেখাপড়া অভ্যাস শিখায় নিয়ম করে।
দিনে রাতে আসে যায় চলে,
পঠন পাঠন বিশেষ মন নেই তার
শিক্ষা পাট অপেক্ষা হৃদয়ে লাভ বেশি
দিনরাত মাস যায় চলে,
পরস্পর ভাব বিনিময়
দুজনার হৃদয়ের আছে, মাকড়সার জাল সম।
মায়ের অসুস্থতার বার্তা
পেল মোবাইলে বিকাল বেলায়।
যায় সে চলে মায়ের আলয়ে ক্রন্দনে
দিপালীর শিক্ষার দায়িত্ব দেয় ক্ষণে,
ভিন্ন মায়ের সমশ্রেণি নিখিলে।
বয়ে চলে শিক্ষা সময়ের বিঘ্ন ঘটেনা।
যথা রীতি নিখিলের মতি

দিপালীর মনস্রোতে ভেসে চলে হৃদয়ে।
দিবানিশি আহার বিহার ত্যাগী
মনে সদা ভাবে দিপালী দিবানিশি
নির্মল কখন আসিবে।
চেয়ে চেয়ে থাকে পথ পানে
মায়ের সুস্থতায় দ্রুত আসে ছাত্রাবাসে।
অবগত নির্মল অবগত নিখিল সব বৃত্তান্ত।
সুবুদ্ধি নিপুনা দিপালী সরে সিদ্ধান্ত
হেসে খেলে খেয়ে শিখে,
সরে আপন গৃহে বিপন্ন মনে।

সাম্য বিপন্ন

বৃক্ষের তলায় দেখিতে পাওয়া যায়
ছোট ছোট চারা, উদ্ভিদ,
বাড়তে পারে না সমানে সমানে
হয় না বৃক্ষের রূপ।

সমাজের বুকে চারিদিকে
উঁচুদের ছায়ায় ছায়ায়
কত জনের বাস,
নীচহীন অসহায় হতদারিদ্ররা
আর্তনাদ করে কড়া নাড়ে
পেটের দায়ে বাঁচার অধিকারে।

ঘরেতে বৃদ্ধ পিতা-মাতা দারা পুত্র পরিবার
কর্ম না দিলে খাবে কী আরবার?
সেদিন শহরে শহরে কলকারখানার দ্বারে দ্বারে
ঘুরে ঘুরে ক্লান্ত অবসন্ন বিষন্ন শরীরে
অর্থের বৈষম্যের শিকার,
পেলিনা কাজের কোন নিশানা,
শুধু নেতা নেতৃত্বের অর্থের দিশাহারা;
অর্থ গৃহ পদমর্যাদা না থাকায় একে একে
বঞ্চিত সবাকার দ্বার।
ধনী দারিদ্র বৈষম্যের হারা
নয় মোরা ভূষিত, নয় মোরা সম্মানিত, নয় মোদের আছে অট্টালিকা গাড়ি;
কেবলই বস্তিতে বাস তোমাদের দূষণে।
কামার, কুমোর ছুতোর সব শ্রমজীবী,
তোমাদের নির্মাতা রাজমিস্ত্রি বাস্তুহারা গিয়েছে পাটে।

বিপন্ন ক্ষুদ্র ব্যবসায়ী

তোমাদের একাধিক বিক্রিত জিনিসগুলোর সম্ভারই,
অর্থ প্রভাব প্রতিপত্তি বিরাজ করিতেছ অতীতের সম্মানে,
শহর, নগর, গ্রামীণ, বিজ্ঞাপনের কারসাজিতে বিভিন্ন বিপনন, দোকানে
বিক্রয় হইতেছে নানান সামগ্রিক।

একাধিক দ্রব্য বিক্রেতারা,
শ্রেণিবিন্যাস না হওয়া উচিত অনুচিত না থাকা,
ক্ষুদ্র ব্যবসায় বিক্রিত না হওয়ায় তারা অসহায়,
বসে থাকে তাকায় অবিরত দুঃখে কখন আসবে ক্রেতা, দুঃখে ভাগ্যের
দোহায়।

বৃহৎ ব্যবসায়ী দল অহংকারে থাকে অনেক উঁচুতে,
ছোট ছোট ক্ষুদ্ররা পারে না এক পঙক্তিতে বসতে,
ব্যর্থ হয় অস্তিত্বজাহির করতে;
আজও অব্যাহত গ্রামে গ্রামে নগরে নগরে শহরে শহরে।

ছোট ছোট ক্ষুদ্র ক্ষুদ্র ব্যবসায়ীরা
ছেয়ে গেছে অসহায়, অসহায়ের ভিড়ে।
বনের পশুরাজ জানেনা বনের পশুরা বিপন্ন হলে!
হবে সে কাদের নিয়ে রাজা।

তোমার আমার স্বপ্নের প্রিয় পৃথিবীতে
শ্রেণী বৈষমেরা বিপন্ন হওয়ার সর্ব অধিকারী
তোমরাও সমাহারে বিপন্ন হবে যুগে যুগে,
প্রভুত্বে, নেতা, নেতৃত্বে, মালিক, পতি শিল্প টেলিকমে।

বিপন্ন উৎসব

সকলে সকলেই মিলেমিশে একান্তভাবে
তিথি-নীতি মেনে নির্দিষ্ট দিনে,
সুবিসাল জাঁকজমক আলোররোশনায়
গ্রামে গ্রামে, নগরে নগরে, কেন্দ্রে কেন্দ্রে বছর বছর,
গানে গানে, মনে প্রাণে, দানে দানে সম্মানে
অতীত বর্তমানে হচ্ছে বহুল উৎসব।

সমাজ উৎসব মদমত্ত মাতালে
শব্দ দূষণ, বোধির, কম্পিত হৃদপিণ্ড
বিঘ্ন কার্যনীতি পড়ুয়া ছাত্রছাত্রী,
অসহ্য যন্ত্রণায় মস্তক ছিন্ন ভিন্ন;
মারামারি ভাতৃবিদ্বেশ ঘৃণ্য গালাগালি,
মধুর সম্পর্ক ছিন্ন হয়, ভিন্ন ভিন্ন জনে জনে
ভাব নেই ভক্তি নেই ছিন্ন মন মন বাড়ে দিনে দিনে।

জাতির দানে জাতীয় উৎসব,
নেয় নীতি আদর্শ কেবল মুখেমুখে
কি রাজনীতি যায় চরম পর্যায়ে,
যাচ্ছে যে দিন হচ্ছেহীন ভক্তিলেস
চাঁদা দেওয়া চাই কড়ায় গন্ডায়
নাকাল হচ্ছে স্বচ্ছ জীবনযাত্রা,
তবুও উৎসব হবেই ব্যাপক বিপন্নতায়।

বিপন্ন প্রকৃতি

প্রকৃতি কেন? কেন? তুমি এত নিষ্ঠুর!
তোমার দৃষ্টি তোমার সৃষ্টি হয়নি সুবিচার,
যারা তোমাকে ডাকে ব্রত করে মধুর গীতগায়,
যাদের আশীর্বাদে তোমার অস্তিত্ব;
চাষে চাষে, বনে বনে, ফুলে ফুলে
পুনবিস্তার করে বেঁচে থাকো।

যাদের তুমি পুড়ো, গর্জে মারো, ঝরেসব ভাসাও
তাতেও তুমি শান্ত হও না!
উন্মত্ত দক্ষযজ্ঞের শিব মহাপ্রলয় রূপে ঝড়ের ফলে
আরাধনায় ব্রতই আহবানেরদের;
মারো! মারো! মহাপ্রলয় প্লাবনে হয় ধূলিসাৎ।

উজাড় করে দিল যারা, কি পেল তারা?
বরণ করে মৃত্যু নিঃস্ব পরিবার,
তোমার খাম খেয়ালি কৃপণ ওঅকৃপণ মহালিলায়;
দেশে দেশে সৃষ্টিরা হয় বিপন্নতায়।

বিপন্ন সাক্ষাৎ

পথের ধারে ছোট ইটের ঘর আমার
দুয়ারে বসে দেখি দিন দিন,
স্কুলের ছেলে মেয়ে দলে দলে আসে যায়
দশটা, চারটা, হাফ, ছুটি বাদ দিয়ে।

দেখিতাম, আর মনে মনে ভাবতাম
কোন? একজন প্রিয় হবে!
ভাবা আর মুখে বলা এক নয়।
দিন যায় রাত যায় যায় মাস,
বলিবো বলিবো বলে আর বলা হচ্ছে না।

কোন একদিন মনে আনি সাহস,
সহসা একদিন বলি তারে,
আর পাঁচজন বলে যেমন,
আমায়, আমায় তুমি বিবাহ করবে?
বললাম সুখে দেখলাম বিবর্ণ মুখ।
কিছুক্ষণ ভাবিয়া ক্ষীন সরে বলে,
"আমি সহমত হতে পারছি না,
যারা অসভ্য বর্বর নীচহীন ছন্নছাড়া বায়ুন্ডুলে,
তারাই এসব বলে।"
যাহা বলেছিল আবেগে ছাড়িল পরপর।
আমার উচিত অনুচিত যোগ্য অযোগ্য না ভাবিয়া বলায়,
আমি হতভম্ব মাথা নত নিরুত্তর,
জড়ো হলো একে একে;
পথ চলতি যত লোকজন।
কেন? করলাম সাক্ষাৎ! শিক্ষার মূল্য রইলো কি তাতে?
বিপন্ন হৃদয়, হায়! হায়! বিষন্ন মনে দাঁড়াই,
দূরপানে চেয়েছিল সর্বগুণামমৃতা মাতা, বিষন্নমনে ডাকে,
"কচি ঘরে আয়, কচি ঘরে আয়,
আয়, আয়, ঘরে ফিরে আয়"।

বিপন্ন নীতিকথা

নীতিজ্ঞানে প্রীতি নেই
স্মৃতিগুলো মৃত,
মাথা চাড়া দেয় দুর্নীতি
হয় সমাজ কলুষিত।

স্বার্থ লোভ আসে
জগৎজনের দ্বারে দ্বারে,
ভিক্ষা মাগে পরোক্ষ নিজস্বার্থসিদ্ধিতে
আমরা মরি গতি ধরি পতির।

আমরা মরি গতি ধরি পতির
নীতি বাক্য মহাপুরুষ বলী
নীতিমালায় প্রকাশ রানি
কেউ পড়ি না শোনায় বাণী।

আহ্নিকে দিনের পর রাত আসে
ঋতু বৈচিত্রে পায়দান,
দুঃখের পর সুখ আসে
এটাও তো নীতি মানে।

পৃথিবী ঘুরে বৈচিত্র আনে
নীতি আছে, নয় সে বিপন্ন ব্রহ্মাণ্ডে,
প্রাণের অস্তিত্ব আছে তাই
সৃষ্টি থেকে সৃষ্টি ও হচ্ছে তাই।

বিপন্ন কান্ডারী

ও কান্ডারী! টলোমলো করো কেন জনতরণী?
শক্ত হাতে পোক্ত করে ধরণী হাল,
এক পাশে চাপ দিয়ে উল্টাও তখনই।
উত্তাল জনসমুদ্রে শান্ত করতে,
কেন ঢালো জনগণের রক্ত?
বড়ো বড়ো ঢেউ করে
ফুটো করো কেন জন নৌকা?
ঝড়ের মুখে ঝাপটা মারো
ওঠাও জলোচ্ছ্বাস;
দুর্বৃত্তের বেড়াজালে যায় না কভু রোধ।
জনগণ প্রাণেনাশ, নাকে মুখে ঢুকে স্বার্থ জল,
করাও ব্রঙ্কাইটিস নিউমোনিয়া।
লক্ষ্যভ্রষ্ট কান্ডারী, স্বার্থপুষ্ট কান্ডারী;
অন্যায়বিপ্লবী, জনসমুদ্রে ডুবিয়ে মারলে!
হাল ভেঙ্গে বিপন্ন হও কান্ডারী।

বিপন্ন প্লাস্টিক

সাত সাগরের তেরো নদীর পারে
গভীর আনন্দের সাথে,
কঠিন অধ্যবসায় আবিষ্কৃত হয়
ক্রমদয়ের ব্যক্তির মাথায়।

তখন কেউ ভাবেনি অগুন
পরিবেশ দুষণ মৃত্তিকা শত্রু প্লাস্টিক,
রাস্তায় যাও দু পাশে তাকাও
খালে বিলে মাঠে ঘাটে; মা
ছড়িয়ে ছিটিয়ে পড়ে আছে,
মাটির উপরে জলে ভাসে।
ঘরে বাহিরা আনাচে-কানাচে
ঝুলছে, পড়ে আছে চাপা,
তোমার শখের গাজগুলো পারছেনা বাড়তে
কোদাল মারো মারতে পারচ্ছনা
কবেকার প্লাস্টিক চাপা গন্ধ ছড়াচ্ছে।

ছোট বড় নানান ধরনের নানান জাতির,
ধর্ম সভা উৎসব পার্বণ পালা করে আসে
প্রকৃতির সুলভ্য কলাপাতা নেই,
অর্থ ব্যয় পরিবেশ প্রকৃতি বিপন্নকারী;
অবিয়োজিত প্লাস্টিক করিতেছে ব্যবহার।

পিছন ফিরে তাকাওনি একবার
কি ভয়ানক ক্ষতিকারক সৃষ্টি,
উঠেছে মশারঝর্ণা রোগ সৃষ্টি,
শেকড় বাকর প্রশমিত বাড়তে পারছে না
শুধু কাঁদে কি খাব জীবন দাত্রী বিটপ।

যেদিকে তাকাও দোকানদানিতে গো বু ইন
ঝুলছে রংবেরঙের সব প্লাস্টিক।

মানুষ ভুলে গেছে একেবারে
তাঁর নিজের জিনিস আনতে,
তন্তু শোনালি তন্তু।
খাতা কলমে বাক্স যন্ত্রে শুধু চিৎকার, একবার
যদি করি ব্যবহার নিরুপায়,
সংরক্ষিত পাটের পুন নবীনকরনযোগ্য।

বিপন্ন পরীক্ষার ফল

যে ফল পোকা হয়না কভু ভালো বীজ
স্বাদে গন্ধে।
ধরণীর বুকে বেড়ে উঠে অণু থেকে জীবকুল
দৃশ্য হয় দৃষ্টিকোণে।
নয় পুস্টি প্রাণীকুল উদ্ভিদকুল জীর্ণ শীর্ণ হয় যদি লোকাচারে,
এটা ও লোক আচার।

দলে দলে যায় ছাত্র-ছাত্রী শিক্ষালয়ে শিখতে
কি শিক্ষা পেল কতিপয় ছাড়া!
পরীক্ষা হয় পরপর ফলও বের হয়,
কি ফল পেলে তাতে?
কেবলই পোকা শুধু পাস। কেবল এই পোকা শুধুই উত্তীর্ণ।

অনুর্বর ভূমি অজ্ঞানী পন্ডিত, শিক্ষক, মাস্টার থাকে!
দেয় না কখনো উত্তম ফল, নামে মাত্র শিক্ষা, বিপন্ন শিক্ষা।
নূন্যতম বিপন্ন পরীক্ষার ফল সে তো হবেই!

বিপন্ন যুবক

আমরা ভীষণ অসহায়
পিতা মাতা ছাড়া কেউ নেই সহায়,
আর কতদিন চিন্তার সম্বল হব
আমরা হই নাই স্বাবলম্বী।

আশা আছে, বাসনাও আছে, পিতা ও হতে,
নিতে সমাজ দায়িত্ব প্রতিষ্ঠিত হতে।
অপেক্ষায় রত বন্দিনী, সব নন্দিনীর পিতা
শিকার হয় নষ্টার গ্ৰাসে।

নেশার আঁতুরঘর গড়ে ওঠে যত্রতত্রে,
নেশা ঘরে, নেশাখোর যত।
মৃত্যুর দুয়ার খোলা
যতই কর আইনের জারিজুরি,
মৃত্যুর মিছিল চলে ভিন্ন ভিন্ন দিকে
রাস্তায় রাস্তায়, কলে কলখানায় ঘরে ঘরে।

কুকর্ম, চোর ডাকাত দুষ্কৃতিতে,
আমরা আন্দোলনক কৰী, বিপ্লব করি, ধরণীতে অনশন;
প্রভাব বিস্তার, কর্তৃত্ব, মুখ্য আসনে বসতে
কর্মহীন দাবিহীন অধিকারহীন, চাইলে!
আমরা খাই, লাঠি ডান্ডা গুলি গালাজ
বাঁচার তাগিদায় কর্ম না দিয়ে মারো!
বিপন্ন যুব সমাজ আজ বিপন্ন যুব শক্তির দেশ
নীতিহীন কান্ডারী করেছ খানখান উন্নতিতে।

বিপন্ন গঙ্গা

নদী ও আনন্দিত দেবী মিলনে
আপন গতিতে বয়ে চলে,
স্রোতসিণী চিরন্তন ধারায়,
সেও জাগে, সেও চায়ে, সেও মাগে;
দেবীর আগমন, দেবীর আগমন দেবীর বিসর্জন।

তোমাদের মত আনন্দ উল্লাসে
নতুনভাবে সাজতে চায় মায়ের আরাধনায়,
দীর্ঘ প্রতীক্ষায় নদীকূল, নদী জল,
আনন্দে ঢেউ খেলে উচ্ছল জল তরঙ্গে,
নাচে জ্যোৎস্না ঝিকিমিকি রাতে,
ভক্তের ভিড়ে দেবীরপদধূলি
নদীকুল জেগে ওঠে ফুলে ফেঁপে ;
আলোর রোশনায় পটকার শব্দে।

নদীমৃত্তিকায় দুই তীরে বসবাসকারী,
কীটপতঙ্গ পশু প্রাণী ও অণুজীব,
আনন্দিত উত্তাল আগমনীর আগমনে,
জলজীব ও মাছ উদার বক্ষে পরম তৃপ্তিতে,
দেবী মা কে বয়ে নিয়ে যায় পরম আনন্দ উল্লাসে।
তোমাদের বিষন্নতা অশ্রুসিক্ত ক্রন্দন হৃদয়,
তারা প্রসন্ন আনন্দ বিহ্বল;
বিসর্জিতদেবী মায়ের মিলনে আনন্দিত মাকে পেয়ে।

বিবর্ণা স্কুল ছাত্রী

পথচারী, দাড়াও ক্ষণিকের তরে,
শোনো মোর করুন বিবরণ;
তোমরা সভ্যতার বড়াই কর!
নারী নিগ্রহ বন্ধ কর, আইন প্রণয়নে
মহামান্য ধর্মাবতারে সম্মান করো,
তাদের সামনে আমাদের নগ্ন করো, ভ্রষ্টাচারীনি হই।
টিউশন ছেড়ে ফিরছিলাম গ্রামের পথে পথে,
সবুজে ঘেরা ঢালাই পথ দিয়ে
না হয়, একটু দেরি হয়েছিল
টিউশনে ছাড়তে।

তারি সুযোগে আমার গ্রামের
অসভ্য বর্বর যুবকেরা ক্ষুধার্ত একে একে,
অতর্কিত ক্ষুধার্ত ব্যাঘ্র শিকারির মতো;
আমি হলাম তাদের শিকার,
আমি চিৎকার করলাম
কে আছো কোথায়?
বাঁচাও! বাঁচাও!
আমি তো তোমাদেরই একজন।
আমায় করো কেন? নির্যাতন, নিপীড়ন শীলতাহানি!
হয়তো আমি দিতে পারি কিছু সামাজিক দান।

হলাম আমি শিকার ধর্ষিতা
কি মূল্যবোধ আছে?
অনুনয়-বিনয়, আকুতি মিনতি, পায়ে মাতৃ আরাধনা;
যতই করি ততই অত্যাচারিনি, সংজ্ঞাহীন
একে একে চেতনার লোপ।
তোমরা যদি নারী হতে বুঝিতে তখন,
হায়! নগ্ন সমাজ, ধর্ষিতা সমাজ!

বিপন্ন বাবুই

পল্লী গ্রামে মাঠের ধারে
তাল গাছে তালপাতায়,
ঝুলত কত বাবুই পাখিও বাঁসা।

বিকেল হলে যেতাম সেথায়
আমরা সবাই বন্ধু ভাই,
কিচিরমিচির করতো পাখি
বুনত খেজুর খড়ি পাতায়।

বুনন ছিল নিটল খাসা
দোলা খেতো বাতাস হলে,
ঝড়ের সময় পড়ত বাঁসা
সকাল হলে কুড়াতে যেতাম।

একলা যেতাম সবার আগে
বাঁসা পেয়ে খেলতাম যত মজা করতাম তত
সেদিন গুলো আর পাব কত
এখন আমরা বড়হওয়ায় রত।

পাখিরা সব গেল কোথায়?
তালগাছ আছে সেথায় গগন ফুঁড়ে
কান্নায় তাদের জীবন কাটে
সঙ্গে সাথেই ছিল কত পাতায়গড়ায
তারা সব গেল কোথায়?
বিপন্ন পাখি গেল কোন অজানা গ্রামে।

শান্তি পেতে চাই

শুনেছি মোর পাড়ায় পাড়ায়
ছোট বড় মানব মানবীর মুখে মুখে,
উঠতে বসতে বিভিন্ন কর্ম ক্ষেত্রে
শান্তি, শান্তি পেতে চাই, শান্তি।

বিশ্বেছুটছে মন সবার আগে আগে
আকাঙ্ক্ষিত সম্পদ একে একে ধরতে ধরতে,
সে কি পায়? বৃদ্ধি পায় ততগুনে গুনে;
হতাশা, ক্লান্তিতে অবসন্ন হৃদয়ে বলে,
শান্তি, শান্তি পেতে চাই, শান্তি।

ঝগড়া সংসারে নিত্য লেগেই থাকে, থেকে বিবাদ,
অভার, স্বভাব, কর্ম অমানবিক মদ্যপে,
খুঁজে আত্মদহন বর্বরিচিত আচরণ থেকে থেকে বলে,
শান্তি, শান্তি পেতে চায়, শান্তি।

দৈনিক হীন, দীন, কর্মচারী, ধোনিক বণিকপথচারীরা,
বিপর্যস্ত অসহায় বিবেকহীন নৈরাজ্য, নৈরাশের শিকার,
বলে উঠে এক সঙ্গে সর্বত্রে বাঁচতে
শান্তি, শান্তি পেতে চায়, শান্তি।

অন্বেষণ

কি বলিব, কি করিব, কোথায় যাই? কোথায় খুঁজি? অন্বেষণ করি নিশিদিন!
কি করিলে? সায়াহ্নে জীবন সঙ্গী পাবো কর নির্ধারণ, কর নিরূপণ, কর অন্বেষণ।

অপরিচিতা, অপরিচিতা কোথায় তুমি? কোন অজানায় চিন্তামণি,
খুজিছো আমারই মত পিয়াসী মন সারাক্ষণ।

আমারি মতো তুমিও খুঁজিতেছ তীব্র আকাঙ্খিত হৃদয়।
আমারই ন্যায় গৃহস্থ গরু খোঁজার মতো তোমারই,
যে মন খোঁজা এক অভিন্ন পার্থিব বাসনা বলয়।

সংগীত বীণার তারে দুইয়ে না মিলিলে যেমন সুর উঠে না,
জীবন বিনার তারে দুই না থাকিলে হৃদয় কর্ম মধুর হয় না;
ধনাত্মক ঋণাত্মক ধর্মে তড়িৎ মিলনে আলো-জাগৎময়,
নারী-পুরুষ ও শুধু হৃদয় আবর্তে সংসার পরিবার স্বর্গ শান্তি ময়।

সর্বধর্ম মর্ম এক

সর্বধর্ম মর্ম এক গুণ,
তাদের করো কেন ভিন্ন ভিন্ন মতে নিপুন।

ভাব ও ভাষা পৃথক, উদ্দেশ্য যে এক, মনে
যাওনা চলে, বসো ধ্যানে।
জীবশিব সত্য, বিশ্ব সংসার দাঁড়িয়ে নীতি মেনে।

লতানো বিরুৎ আশ্রয় নিয়েছে যে বৃক্ষপরে,
আলোর পথে ধায় সে অবিরাম চেষ্টা করে,
অবশেষে তাঁর সফল বিকশিত বিশাল পত্র শাখা-শাখি,
আঃ তার কি হৃদয়ে শান্তি, শান্তি পরম শান্তি নিশ্চিন্তে থাকে।

ভাবেনা সে, কোনদিনও,
আশ্রয় দাতা কে ও?
যে আশ্রয় দিল ভাবেনা, সেও,
আমি কারে দিয়েছি আশ্রয়, কে ও?
তবুও আমি বৃক্ষ!
নির্বিচারে দাঁড়িয়ে দাঁড়িয়ে রেখেছি ভাবি না ও দুঃখ।

অন্তঃসারশূন্য ধর্মপ্রাণা
যে ধর্ম প্রাণার থাকেনা সহিষ্ণু আনা
ধর্মাত্মার গুঢ়ার্থ না জানা-জনার,
ভুলক্রমে যদি, করে নিন্দা নিজ ধর্ম গর্বে।

পরধর্মে পরাআত্মায় লাগে যদি মর্মে,
ধার্মিক তারে লয়ে করে, প্রকট উন্মাদনা,
অন্তঃসারশূন্য ধর্ম প্রানা,
আপনারে অসীম প্রকাশ করে নানানদিকে;

লোকেরা বাড়াবাড়ি করে মিছিলে আড়ম্ভনা।

উত্তাল ধরাতল বাতাসে বারুদের গন্ধ,
রাস্তায় রক্তস্রোত গড়ে, বদ্ধ নালা নর্দমায়,
নদীর জল লাল হয়েছে ভেসেছে শব বাতাসে দুর্গন্ধ।
উঠতে বসতে ডেকেছে হরতাল
লেগেছে আগুন ধ্বংস জাতীয় সম্পদ।

সে শিখাল না ধর্মবোধ,
সে বিলাল না মানবিকতাবোধ,
সে দেখালো না নম্র ত্যাগী,
সে করলো না পরমগুণ ক্ষমা সহিষ্ণুতা,
সে আহ্বানকরিল না ভাই বলিয়া,
সে আলিঙ্গন করিলনা মানব জাতি ভাবিয়া,
সে পরিচয় দিল না এক দেশীয় বলিয়া,
সে ভুলিয়া গেল দানবের পরে মানব, মানবের মতৎ গুণীই,
দেবতা, ঈশ্বর, খ্রিস্টান আল্লাহ সকল ধর্ম।

সে ধার্মিক, সকল শিষ্য লইয়া,
শুধুই লাথি মারিল সব দেশ মাতৃকার উপর।

বঞ্চিত

নিশিদিন দিন মেহনত করে
কিনেছিলাম এই জমিটি,
আপন পুত্র পরিবার নিয়ে
সুখে-শান্তিতে বাকি জীবনটা;
কাটিয়ে দেবো পিতা মাতা ওদের নিয়ে।

সামান্য কারণে ঝগড়া বেঁধেছিল
একান্ত আপন জন স্ত্রীর সঙ্গে,
আমায় ছেড়ে চলে গিয়াছে কোন অজানা দূরে;
আমি একা পড়ে থাকি এই জমিটিকে নিয়ে,
কর্মকরে করে করে পরান ফাটে আপন বিহনে
আহার বিহার ত্যাগ শরীর হয় ক্ষীণ।

বসত বাটি বাগানবাড়ি করি পরিপাটি
চারিধারে গাছ লাগাই প্রাণ বাঁচায় কিয়দাংশ।
দিলাম ভাড়া কেজি স্কুল সারদাময়ী কে।
ছোট্ট শিশু ছাত্র-ছাত্রীরা কি সুন্দর ভাবে,
পিতা মাতার সঙ্গে আসিত পড়তে।
খেলত, হাসত, পড়ত, নাচত গাইত তারা
আমার তৈরি গৃহগাছ বাগান বাড়িতে।
কি সুন্দর! কি সুন্দর! লাগছে এদের দেখে
কি সুন্দর! কি সুন্দর!আশার ফুল ফুটিতেছে, আগামী সম্পদএদেরএকে একে।
দিয়েছি মাঠ, খেলেছে পাঠ, পাঠ 'পাঠের পর,
ছোট বড় সবাই আসত, হাসত, খেলত অপরারাও।

সময় যে চলে যায় আপন নি:সীমানায়
কখন যে ষাটোর্ধ হয়েছি সময়ের কি দায়!

শরীর ক্লান্ত হৃদয় ক্ষতবিক্ষত চোখে অস্পষ্ট।
মেয়াদ শেষে সারদা চলে গেছে কবে!
আমি কেবল একা পড়েছি এই বাটে
ভারাক্রান্ত হৃদয়ে বঞ্চিত স্নেহ মায়া,
শূন্য ঘর নিশ্চলা প্রাঙ্গণ বার
বৃক্ষবন্ধুরা আজ হতাশ,
শিশু ছেলেমেয়েদের নেই স্নেহের পরশ সহচর্যে।
চাইছে না প্রাণ ওদের পরিচর্যায়
একদিন রক্ষা করেছি রক্ষক,
আগলে রেখেছি গরু ছাগল আগল।
এখনো ফুলে ফলে সকল শাখা শাখিপরিণত,
শোভায় শোভিত, সুবাসে সৌরভিত
মৌমাছি প্রজাপতির মধু আহরণের গুঞ্জন, পাখপাখালির বাসে কূজন রহে
আমি শুধু ঘর বার করি,
বৃদ্ধ হয়ে দাঁড়িয়ে থাকি লাঠি নিয়ে।

শুধু ভাবি, শুধু ভাবি ভাবতে! ভাবতে!
সহসা এসে পুত্র পরিবার আমায় বলে,
এসব বিক্রি করে কলকাতায় ফ্ল্যাট কিনা হবে।
শুনে নয়নে অশ্রু ঝরে হৃদয়ে দুঃখের স্রোত বহে।
যে বঞ্চিত শ্রেষ্ঠ সম্পদ পুত্র ছিল পরিবার
আজ সঞ্চিত সম্পদ নিল একে একে হাহাকার
ঘুণধরা দীর্ঘ বঞ্চিত ভগ্নহৃদয় মরণে হলো সব সাফ।

নজর বন্দী

স্নেহময়ী গ্রামা রানীমা, সন্তানেরে
আঁচল বুলায় সাধের শিশুরে,
রংবেরঙের দামি জামা প্যান্ট গায়ে
চোখেতে কাজল কপালে দেয় দাগ;
গালেতে চুম্বন নজর এড়ায়,
রাখেন কুলায় নিজ গৃহে।

কোমরে ঘুমসি তাতে যে নজর কাঠি
নেয় যে লুকিয়ে ফিসফিস করে,
এক থালা চাল দেয় নজর কাঠি দেওয়া ফকিরে
কর্তা নেই কারো পাড়ার ঘরে।

লম্ফ জ্বালিয়ে হ্যারকিনের কাজল লুটে
প্রদীপের তেল ঢেলে কাজল ঘুঁটে,
যতন করে পরিপাটি রাখে যে বালিশ তলে।

যতনে পোষাক রতনে শিশুর
শুকায় জামা কাঁথা পরিষ্কার করে,
রোদ্রে শুকায় গান গেয়ে গেয়ে
ঢাকা দেয় পোশাক কাঁথা তোয়ালে।

ঠান্ডা ঝড় বাতাস বইছে বারে
উড়ছে মাছি মশা আতঙ্কে মন রোগের,
জ্বালায় ধূপ মৃত্যুবান টাঙ্গায় মশারি।

বাড়ির পাশ আজ যতনে সাবাড় আবর্জনা,
বইছে সুবাস সন্তান হইবে অন্যায়ের প্রতিবাদী বিপ্লবী সুভাষ।

বীর বিপ্লবী ক্ষুদিরাম

হে বীর বিপ্লবী বাঙালি ভারত মায়ের সন্তান
তোমার উৎসর্গ কর্ম চিন্তা ভাবনা, ভারত বাঙালি কিশোর যুবকের মর্মে স্থান,
শিখালে তুমি নিঃস্বার্থ আপোষহীন অন্যায়ের প্রতিবাদী সংগ্রাম;
গর্ব ভারত মাতার মুক্তির জন্য তোমায় গর্ভে ধারণ করেছেন ত্যাগী আর এক মাতৃকানাম।

রক্তে ফুটেছিল স্বাধীনতার তরুণ তাজা প্রাণ
তাইতো তুমি দিয়ে গেলে কোটি কোটি ভারত সন্তানের জন্য আত্ম বলিদান,
ত্যাগী, অম্লান প্রয়াণ দিবসের মান;
শান্তপ্রিয় ভারতমাতার সর্বকনিষ্ঠ বাঙালি সন্তান বীর অগ্নিশিশু লহ শ্রশ্রদ্ধ প্রণাম।

বাবা

পৃথিবীতে আলো দেখানোর মূল কারিগর যিনি
ভীষণ স্নেহের ভালোবাসায় জীবন দিয়ে বাঁচায় তিনি।

সকাল হতে সন্ধ্যে নিশিদিন দায় দায়িত্ব স্কন্দে,
কর্ম করে ঘর্ম ঝরে রন্ধ্রে রন্ধ্রে সকল কর্মে অন্তর পুড়ে মর্মে মর্মে ভালো মন্দে।

বঞ্চিত স্নেহ পিতা কর্মের দায়িত্ব গন্ডি দূর বিদেশে,
যায় চলে পরিবারের পেটের দায় ছেড়েছুড়ে স্বদেশে, স্বদেশ।

যে শান্তির নীড় রচিআছে পূর্ব হতে সন্তান সন্ততির তরে,
সে যে কত মেহনতি, অধ্যবসায়েরফল আগামী জীবনের তরে।

পথে ঘাটে মাঠে, কর্মস্থলে মর্মান্তিক মৃত্যুর পথে দেয় হাতছানি
উপেক্ষা করে যায় চলে দূর দিগন্তে অর্থের আশার বানি।

কত ঘটেছে মৃত্যু, কত ঘটেছে পঙ্গু, আপন পুত্র তনয়া রক্ষায়,
গিয়েছিল বাইরে উপার্জনের আলয়ে।

জুটেছে কিছু হীন মনসস্তাত্বিকতায়,
পুত্র পুত্রী দার পিতা-মাতা উপেক্ষার ফলায়।

সকাল ব্যথা বেদনার শিক্ষা দীক্ষার বিশাল খরচ আর্ত আর্তির অকাতরে দেয় সাড়া জনক,
বিপদে সকল সঞ্চিত সম্পদ জমি ঘরবাড়ি বিক্রয় পলক।

পিতার হৃদয় স্বর্গ, সন্তান-সন্ততির পূর্ণভূমি,
বাবা বোধ ডাকটি সকল সকাল কর্ম বেলায় চিবুকে চুমে।

সন্তান সন্ততির আজীবন কর্তব্যে অবসন্ন ক্লান্ত হৃদয় দেহ মন প্রাণ,
গচ্ছিত স্থাবর অস্থাবর সম্পত্তি পুত্র পুত্রী কল্যাণায় অর্পণ,

আত্মায় চির শান্তির সুধা পায় মৃত্যুতে ত্রাণ।

কর্মভূমি

এই কর্মভূমি বড়ই স্বর্গভূমি
জীবন বাঁচায় মৃত্যু হটায়,
যদি কর পবিত্র ক্ষেত্রে বিচরণ;
জীবন পাত্র, জীবন পাত্র
বানায় সর্বাধিক প্রীতি।

কর্ম কর্ম ভালবাস সদাই
যন্ত্রপাতি সর্বক্ষণ থাকে ঠিকঠাক।
বিবাদ ভূলে হেসে খেলে কর্মকান্ডে,
ঘটে নাই যেন অপ্রীতি, ক্রিয়া কলাপ।

জীবনযাপন কর সত্যের পথ,
একমাত্র শিক্ষাই চলার রথ,
পরিবার হবে রত্ন ভরা
সুখে দুঃখে কর্মভূমে যাব সদাই।

ওমা ওমা

ওমা- ওমা- তোমার হৃদয় ক্ষেত্রে
বড় হই যে আমি, ধীরে ধীরে।
তুমি জল দাও, সুধাদাও যখন তখন
আলো দাও ছায়া দাও শীতল চিত্ত আকাশে ;
ওমা-ওমা- তুমি যে মা।

আমার আনন্দে আমার যশে বিকাশে
সবার আগে হৃদয় ভর আনন্দ আবেগে,
মঙ্গল কর পূজার ঘরে শঙ্খ বাজাও ধূপে ফুলে
মঙ্গল কর পূজার ঘরে শঙ্খ বাজাও ধূপে ফুলে
বিপদ রুখতে ঠাকুর জপ নিষ্ঠা ভরে
ওমা-ওমা- তুমি যে মা।

শিয়রে প্রদীপ জ্বালো অসুখ বিসুখে
দুঃখহরা ক্লান্তি ভরা স্নেহের পরশ ঢালো,
আপদে-বিপদে বুক পাতো ক্ষতবিক্ষত
উজাড় কর সকল সম্পদ বিক্রি বাট্টা করে
ওমা-ওমা- তুমি যে মা।

অভাব অনটনে খাওয়াও যে আগেভাগে
দৈন্যদশা ভিক্ষা মাগো দ্বারে দ্বারে,
দেনার দায়ে বুকফাটে বুঝতে দাওনা
খালে বিলে মাছ ধর শাখ তুলে অভাব দূর কর
ক্লান্তি ভুলে রান্না কর সবার আগে
ওমা-ওমা- তুমি যে মা।

প্রথম প্রথম

মনে মনে দহন
বিকশিত যে হৃদয়ের স্বপন,
দেহামনআভ্যন্তরে হৃদয় সম্পদ বিকশিত
মনে প্রাণে প্রস্ফুটিত মনোকুসুম;
পাঁপড়ি মেলে মিলে মিলে বিদ্যালয়ে,
প্রথম প্রথম কথা।

পড়ন্ত বেলায় প্রাণবন্ত মন
দোলা দেয় আমবাগানে,
দলে দলে করা চড়াই ভাত
প্রথম প্রথম মিল।

বিকেল বেলায় উর্বর দোআঁশ চড়ায়
ছিল ফুল চাষ ধাবিত মধুকর,
আবেগেসঞ্চালিত বাগানে ভ্রমণ পিপাসুজন
প্রথম প্রথম মিল।

ঋতুচক্রে উৎসব অনুষ্ঠান পূজা পার্বণে,
লোকের ভিড় দোকানে, নাগরদোলার সার্কাসের ভিড়ে,
চারিদিকে ঘুরে ঘুরে ক্লান্ত মনে দেখা
প্রথম প্রথম সাক্ষাৎ।

চতুর্দিকে বাঁকা পথে যেতে যেতে
উড়ু উড়ু মনে ফুরফুর সিগারেট,
চেনা অচেনা মনের মানুষ আসা যাওয়া
প্রথম প্রথম আলপ।e

ভাগ্যের চাকা ঘুরছে ঘুরছে

বাসে ট্রেনে টোটো লঞ্চে,
ভিড়ের মাঝে এদিক ওদিক দুলে দুলে
প্রথম প্রথম সংস্পর্শ।

খেতে খামারে খাটতে খাটাতে
বিশ্রাম নিতে যাওয়া গাছের ছায়ায়
আলাপ রত সুখ দুঃখ বর্ণনায়
প্রথম প্রথম আশা।

বলতে বলতে বানিয়ে মর্মেস্পর্শ
কথা কয়ে, প্রেমিক প্রেমিকা হলাম।
গুপ্তহৃদয়ে তুষেরআগুনে শীতল
জল ঢালিতে;
প্রথম প্রথম হতে হাতে হাত রাখা বিবাহ বন্ধন।

নতুন দিগন্তে ভাসো

ঘরের কোণে বসে একা একা
বৃথা কেন দুর ভাবনা ভাবো,
পিছনের কীর্তিলতাদের মনে গুনে গুনে
প্রদীপের আলোর মত আশা নিয়ে;
নতুন দিগন্তে কিছু করায় ভাসো।

মনে রাখো স্থির লক্ষ্য,
নিশ্চয়, নিশ্চয় কোন একজন!
ভিন্ন ভিন্ন নেশা ঘরে না থেকে
সৃষ্টির কর্মশালায় ও বিশ্বকর্মসভায়থেকে
নতুন নতুন দিগন্ত কর উন্মোচন।

যারা শুধু ভাবে আনাচে-কানাচে,
নগরে প্রান্তরে সকাল বিকাল,
ভাবে বসে চায়ের দোকানে;
ভিন্ন ভিন্ন মত সাধনে।

ত্যাগে, শুধু তুমি নতুন সাধুসাজ,
যা নিয়ে কঠিন মতেব্রতী, একগুচ্ছ জ্ঞান,
নিশ্চয় সফল হইবেএগানোর সাধনারথ;
রচিব নবতম মম হৃদয় বাসনারথ।

হৃদয় দোলায়

তাহলে, মনে যে দোলা দিল!
দোল খেলিয়াছো আপন সুন্দর পুত্র নিয়ে,
সুপ্ত যে মন ভাঙলো হৃদয়
আপন গৃহের প্রাঙ্গন বেলায়।

রঙে রঙে রঙিন হলো কপাল মুখে ঘর যে দুয়ারে
আকাশে বাতাসে আবির উড়ে,
গাছের পাতায় পাতায় রামধনু রং বর্ণ ধরে
মনের মাঝে নতুন প্রিয়র খোঁজে।

যে মন যে ছিল আলয়ে আলের মতো বাঁধা
সে মন হলো এখন উন্মুখের ধাঁধা,
আপন অঙ্কের বিকাশ জাগে ক্ষণে ক্ষণে
সেই জগতেই ঘুরে মরি সন্ধ্যাতারার পানে।

নদীর প্রতি

নদী নদী কানায় কানায় ভরা তোর জলরাশি
কোথায় পাও অফুরন্ত উৎস মুখী?
চলো চলো সৃষ্টি হতে কূল দৃষ্টি দিয়ে,
কে তোর পিতা? কে তোর মাতা?
কে তোমারে দেয়? কে তোমারে নেয়?
নেই কি তোমার শেষ! শুধুই গতি।
তোমার কোলে এসেএসে মিশে,
রাশি রাশি যত সব শহরতলীর,
ময়লা আবর্জনা যত সব
পশু পাখি প্রাণীর পচা দেহ;
কলকারখানার দূষিত পদার্থ।
হৃদয় ভরে কোথায় নিয়ে যাও?
নিজে পান করে মুক্ত করো জনগণে,
তোমার বুকের উপর ভাসে রাশি রাশি,
দেবদেবীর ফুলো মালা তার আত্মা
যতসব মানুষ দুষ্কৃতিকর্মে লিপ্ত মৃত মানুষ এর দেহ
কোথায় লুকিয়ে রাখো তার আত্মা।
আমাদের তুমি জল দিয়ে চলতে শিখালে।

শিশুর আনন্দ

নতুন মন খোলা আকাশ
সোনালী আলোয় শান্ত শিশু,
থাকে সম্মুখ বাগানে
বন্ধন মুক্ত শিশু আজ
তাই দেখে তার মনের বিকাশ।

গাছ তলে তার বন্ধন
সে এদিক ওদিক ঘুরেফিরে,
মাঝে মাঝে দেখে শিশু
পাছে যদি আসেনিতে।

মৃদু বাতাসে পাতা নড়ে
ফল পড়ে গাছ হতে,
তাই না দেখে বিহল শিশু;
পাখি ডাকে গাছে গাছে
ফল ফেলে থেকে থেকে
গুড়াতে যায় ছুটে ন্যায় সে খুঁটে
তাই দেখে পোষা কুকুর ঘ্রাণসুকে
এই করে করে তার মন আনন্দে হারা
সঙ্গে শুধু টমি কুকুর।

বাগানে ফুলে ফুলে বসে প্রজাপতি
তারি সাথে মৌমাছির নৃত্য,
মধু নিতে হয়েছে তারা রপ্ত
শিশু রঙিন পাখনা ধরতে উন্মুখ
পারেনা সে ধরতে উড়ে গেল সাক্ষাতে;
ভাঙে ডাল বোঝেনা গুণ
এই না পাওয়া বিষন্ন মন।

শাখা শাখায় ঝুলছে বেগুন সাদা লাল,
সূর্যমুখী লঙ্কা গুলো সবুজে লাল উজ্জ্বল,
তুলে তারে দু একটি এটি ওটি
রাখে পকেটে পকেটে হাতে হাতে।

সূর্যালো পড়ে পাতার ফাঁকে ফাঁকে
বাচ্চারা সব যায় যে স্কুলের দেশে,
মায়ের ধ্যান ভাঙ্গে রান্না শেষে
ছুটে আসে ভুলকে ভেঙে তীব্র বেগে
ন্যায় যে কোলে সবজি মুঠো সন্তানে
আনন্দে মত্ত মাতা ক্লান্ত শিশু;
হৃদয়ে ভরে উভয়, সুধাই হৃদয় জাদু।

মুক্ত পল্লী গড়তে

এসো এসো পল্লীবাসি
এসো এসো উন্মুখচিত্তে,
এসো এসো কৃষক কৃষাণী
সবুজ, সবুজক্ষেত গড়তে
এসো এসো কামার কুমোর
গৃহস্থের সরঞ্জাম নিয়ে,
এসো এসো দর্জি ছুতোর রাজমিস্ত্রি
সাজাও ঘর বাহির ছেঁড়া ভাঙ্গা গড়া,
এসো এসো শিক্ষক শিক্ষিকা
তোমার সহজ সরল ছাত্রছাত্রীগড়তে
বিশ্বদরবারে রত্নবান ভরতে।

এ কোন স্বাধীনতা

মা, ধরণী মা, তব কেন এত যন্ত্রনা,
কেন এত ক্লেশ দুঃখ বঞ্চনা!
তোমার সন্তানের, সন্তান মরে মাথা কেটে কুটে
যেতে নাহি পারে স্বদর্পে
তোমারই প্রশস্ত বুকের উপর
নির্ভয়ে নাহি যেতে পারে শিক্ষার্থে।

চলতে, বলতে নাহি পারে এইক্ষণ
তোমার সংস্কৃতি সভ্যতাপরে,
ভোরের আলোয় মিশে যায়
বিষাক্ত বায়ুর বিষাক্ত মন
কেহ নাহি ভাবে জনগণ, বৃথা।
চলে, নিজ মনের বৃত্তি কুকর্মে দিবস রজনী।
যারা দিল আত্ম বলিদান ভারত বিপ্লবী,
আনিতে স্বাধীনতা যত ভারত সন্তান
যাদের চিত্তে নীতি বিভোর ভারত দর্শন।
তারা কেন? পায়নি মর্যাদা।

কেন তুমি ডাকো

কে তোমার ভগবান?
কেন? তুমি ডাকো ভগবান কে?
আঁধারে আলোয় আলয়ে সময় অসময়ে ডাকো তারে,
ও আমার বিপদ মুক্তি কামিরা!
কে তোমার ভগবান? কে তোমার ভগবান?

কর্ম কর যত্রতত্রে
ধর্ম বর্ণ মেনে,
উজাড় কর অর্থ, রক্ত, জোর;
ঝরাও রক্ত ফলে মৃত্যু।
একবারও কি ভেবেছো তখন,?
বিনাশ কর যাদের
সে তোমার ভগবানের সন্তান।
আপদে বিপদে, আচারে অনাচারে,
দেখো তাদের পাশে গিয়ে।
পীড়িত নিপীড়িতদের সহায়,
লাঞ্ছিত বঞ্চিত অত্যাচারীদের দ্বারে,
অন্যায় সমরে প্রতিবাদ হানো
নিঃস্বার্থ, উদার সত্যের পথ ধরে
তারাই ভগবান দুয়ারে দাঁড়াই।

ভালোবাসা দাও গো

ছোট ছোট বাচ্চা মরা
নেই মোদের জ্ঞান বিবেক বুদ্ধি
আছে শুধু দুরন্ত আশা
চাই শুধু একরাশ পবিত্র ভালোবাসা।

আমাদের তোমরা করো না শাসন
বকোনা, মেরোনা, করতে আশা পূরণ,
আদর কর, স্নেহ কর, মায়া মমতার কর বশ
অন্তরে যা আছে দেবতা যশ
সকল চাওয়া সকল পাওয়া
নয় সে এক সবার হাতেই ;
সবার আছে চেষ্টা সবার আছে নিষ্ঠা
সবার বোধ বুদ্ধি বিকাশ হয় না যে এক
নয় সে নির্গুণ কিছু তো আছে গুন।

ভালোবাসো ভালোবাসো মোরে
দূরে সরিয়ে দিওনা! দিওনা!
যেমন করে বাগানের ফুল
এক রকম হয়ে ফোটে না ফোটে না একসময়
মৌমাছির পরশ পায়না তো সবাই
নষ্ট কি হয়ে যায় সেই ফুল
ভালোবাসা দিলে ফল দিত তায়।

নিজেকে দেখো

সরোবরের পাড়েতে নিজেকে দেখ
ছোট বড় গাছ
দাঁড়িয়ে আছে,
যে যেমন সে তেমন,
তৃণমূল মা বৃক্ষ সরল
সবার গতি আলোর প্রতি
লক্ষ্য সবার এক।
ফুল ফল অস্তিত্ব প্রকাশ
তারা জানে না দেখে না বুঝেনা
স্বচ্ছ জলে নিজেদের প্রতিচ্ছবি
সূর্যের কিরণে দিগন্তে থেকে দিগন্তে।
বাড়ি কবে প্রতিমূর্তি সড়কড়ে
ধর্মগুনে চলে প্রতি যুগে যুগে
আমি এক চেতনা সম্পন্ন মানুষ
ও আছে জ্ঞান আছে চোখ উপলব্ধিও
যায় না কোনদিন স্বচ্ছ সড় করে
দেখি না কখনো প্রতিচ্ছবি
বিশ্লেষণ করি না সূক্ষ্ম ক্ষমতাকে।
ঘরের চারিপাশে অতিশয় দিন
ফুটবল, সৌরভে শৈবাল বিকাশ
সেও তো পারে মধুকর প্রজাপতি প্রান্তে
দেখে তারি মন জুড়ায়
আমিও এক মনুষ্য সন্তান।

উন্মুক্ত

মন খোল তোমারা হৃদয় খোলো তোমারা
তোমরা খুঁজে পাবে,
তোমাদের লক্ষ্য তোমাদের লক্ষ্য
হবে জয় হবে জয়।

খোলামেলা পথ পথ চল সাবধানে
দেখা যাবে চারপাশ উদার আকাশ, উদার বাতাস।
খোলা সবুজ মাঠে চলো ধীরে ধীরে দৃশ্য অবলোকন কর
হৃদয় ভরে আলিঙ্গন কর সবুজ সবুজ প্রাণ।

খোলা কথা ন্যায় বলো খোলা কথায় পক্ষপাতিত্ব না করো।
সবার প্রিয় হবে জেন
খোলা মনে কাজ করো বিপদ হবে না তাতে
যা পাবে তায়সংসার চলে যাবে হেলায়।

খোলা চোখে দেখো ভালবাসা পায় পাবে সবার
হৃদয় ভর হাসি খুশি হবে শরীর সুস্থ মন।
খোলা মনে চালাও সংসার নাই ঝগড়া বিবাদ রাগারাগি অর্থনাশ
সুখের স্বর্গ গড়া হবে, হবে যে মহান।

গ্রামীণ ডাক্তার

আমরা সেবক, আমরা গ্রামীন সেবক
আমাদের করনা অসম্মান হীনদীন,
কিছু তো জানি ধরেছি যখন স্টেথোস্কোপ;
অসুখ বিসুখ মহামারী দুর্ঘটনায় আমরা
রক্ষা করি তোমাদের নিরলস প্রচেষ্টায়।

পাশকরা ডাক্তার কোথায় পাবে হাঁকডাকে?
রূগীর জীবন সে তো আমাদের হাতে!
পারিনাকো তাদের অবহেলা করতে,
পড়ীতদের আর্তনাদ জীবন পথে
আমাদের জ্ঞানগর্ভ জাগ্রত করে।
আমরা শিখেছি পিতা, শিষ্য, নার্সিংহোমে
তোমাদের সেবা দেবো বলে,
আমরা শিখি নিশি দিন সেবার্থে।

আমরা থাকিব পরস্পর সহযোগিতায়
কেউ নেই আমাদের শক্র, আপন যে সবাই
সমাজ সেবা মূল কর্ম আর তো কিছুই নেই।

শুভ জন্মদিন

শুভ, শুভ শুভ, শুভ হোক তোমার জন্মদিন
এসেছে যারা ডেকেছো যাদের,
তাদের হৃদয় হোক শুভ্র শুভ্র শুভ্র।
আনন্দের ধারা বয়েচলে চলুক চলুক
নদীর হিল্লোলে কল্লোলে কল্লোলে।
সাজিআছো মঞ্চ সেজেছো তোমরা,
ফুলে ফুলে, লাল হলুদ সাদা,
সবুজের মাঝে মাঝে, সবুজ দল।

সেজেছো তোমরা নানান পোশাকে আশাকে
মনটা হোক পবিত্র রঙিন পবিত্রতায়,
হৃদয় ভাবনা হোক স্বচ্ছ ভাবনায়।
বেলুন ওড়ে বেলুন ফাটে একে একে
নানান বিধি নানান সমাচার মেনে,
শ্বেত চন্দন দূর্বাধানে পিতলের থালায়
প্রদীপজ্বলে তেলে দীর্ঘায়ুতে;
মোমবাতির প্রজ্বলন শঙ্খধনীতে
আনন্দহৃদয় উল্লাসে মাঙ্গলীকে।

গৃহলোক গৃহালয় ভরে উঠুক আলোকে
ভরে উঠুক আলোকে।
কেকের খাওয়া খাইয়ে মাখা মাখিয়ে
বাইবেলের পবিত্র বাণী ভরে উঠুক আত্মায়
শুভ, শুভশুভ শুভহোক তোমার জন্মদিন।

সারাক্ষণ

আমি ভাবি সারাক্ষণ
কেন পারিনা দিতে পড়া?
স্কুলের সিলেবাসে আছে যত বই
একে একে তারা যে দেয় পড়া,
শিক্ষক-শিক্ষিকা করে ভালো সম্মান।
তিরস্কার পাই আমি দাঁড়ায়ে
দেখে হাসে সহপাঠী ঘুরে ঘুরে।

না পারার ভাবনা
সদা জাগে মনে মনে
এত লিখে এত পড়ি, তত লিখি
তবু কেন?
রয়না পড়া এ পোড়ামনে।

যেতে ভাবি আসতে ভাবি
রাস্তায় বসি, ভাবি মনে মনে
স্কুলের পড়া হলো না কেন?
মাথায় কি নেই কিছু?
অন্যের যা কিছু থাকে।

স্কুলে বকোন ঘরে বকোন
রোজ রোজ মনে পড়ে ছাপ,
গৃহ শিক্ষকের শাসন বচন বাছন
ঘুম আসে না কাতরাই বিছানায়
এদিক ওদিক কল্পনায় মন,
স্বপ্নে দেখি আসলে বুদ্ধিটাই মোটা
হচ্ছে না পড়া তাই রে! নাইরে না!

স্মৃতিচিহ্ন

বাটে বাটে মাঠে মাঠে
ঘুরতাম সবাই জীবন পাটে পাটে,
পড়তাম সবাই পাটে পাটে পাঠে পাঠে
দলে দলে খেলতাম সবাই খোলা মাঠে।

সব গাছতো আছে ব্যস্ত আছে
রয়েছি সবাই চেয়ে, সবাই চেয়ে,
আছে সেথায় দুঃখী জন
তারি সাথে ও আছে সুখী জন।

মাঠআছে গাছালিও আছে
আছে সব পরিজন,
পুকুর আছে, দেবালয় ও আছে আজও ডাকে
আমাদের হৃদয়, ওআমাদের হৃদয়।

পুকুরঘাট আজও ডাকে
হাত ধরে সাঁতার শেখা,
কি আনন্দ! নতুন শিখতে পারা,
যোগ দিতাম পুকুরে সাঁতার কাটা প্রতিযোগিতায়।

যেতাম আমরা দল বেঁধে
সবুজে মোড়া খেতের নির্মিত রাস্তা দিয়ে
গ্রামের প্রসিদ্ধ নদীধারে ধীরেন্দ্র প্রাথমিক বিদ্যালয়।

ফিরে দেখা

আর কি ফিরে পাবো?
সেই বিকালের শরীরচর্চা খেলা সঙ্গী সাথী,
নদীর ধারে বসতাম আমরা ক্লান্ত শরীর মন
চোখ জুড়াতো সারি সারি নৌকা বয়ে যেত,
ইট, টালি হাঁড়ি কলসী, ধান কলাই ভর্তি গান গেয়ে,
মাঝিরা সব ছন্দে দাঁড় টেনে টেনে,
নিয়ে যেত সারি সারি নৌকা;
ঘর্ম ঝরে দাঁড় টেনে টেনে,
রংবেরঙের পাল তোলা পত পত করে বাতাসে;
পাল দেখে মাঝি হাল ধরে।

চাষের দিনে যেতাম আমি
বাবার সাথে চাষীর দলে,
করতাম আমি সহযোগিতা সকাল হতে সন্ধ্যে
বোসতাম খেতে গোল হয়ে,
সকল চাষীর বাঁধা খাবার নিয়ে,
হত আলাপ আলোচনা চাষেরকথা নিয়ে।

ফসল তোলার শেষে,
খোলা মাঠে শীত গৃষ্ম্য দিনে,
যেতাম আমি বন্ধুদের নিয়ে
থাকতো হাতে ছোট বড় রঙিন ঘুড়ি লাটাই।

বর্ষাকালে ধরতাম মাছ
মাঠে খালে নানান জাল পেতে,
হাঁক দিয়ে ডাকতাম আমি
যেতাম মাছের হাঁড়ি নিয়ে,
ওরা ফেরার বেলায় দেখতো সবাই;

কি মাছ ধরেছি আমি?
দেখতো সব ওঠপেতে।

পেটের দায়ে কাজের উপায়ে
গেলাম এসব ছেড়ে ভিন্ন স্থানে,
সংসারী হলাম আমি
মায়ায়বন্ধ হলাম ঘরে।
আজ আছি, মৃত্যু হলে স্মৃতির চিহ্ন ঠাঁই,
সবাই চলেযাব কালের নিয়মে;
ওরাই কেবল থাকবে স্মৃতিচিহ্ন নিয়ে,
আর! কোনদিন ফিরে যাব না
সেসব স্মৃতি ফিরে দেখা কে।

উদ্ভব

বহুদিন ধরে জেগে জেগে উঠে অবনী পরে
চরম দুর্ভোগকারী, জনমানবসাগরে,
নির্দয়, পাষাণ, অনাচারী স্বার্থ পিপাসু
আত্মহননকারী শয়তানের দল;
গর্জে উঠে যত্রতত্রে নিশিদিন।

দুঃখীজনেরা কোনমতে বেঁচে থাকে
মেদিনীপরে আর্তনাদ করে করে,
জ্বলে তাঁরা দাবানলের মতো।

কাঁপে ভূধর কাঁপে তরুদল, কাঁপে নদীকুল
কাঁপায়তোমার ভূস্বর্গ, বিদীর্ণকারি দল।
অপথে, বিপদে, চালিত করে স্লোগান তুলে,
সভ্য সংস্কৃতি রক্ষাকারী তরুণদল মানব সম্পদে,
হত্যাকারী পৃথিবীধ্বংসকারীরা,
আজও চলে অবিরত বিশ্বকর্মামাঝারে।

আমফান

আমের দেশে, পানের দেশে
কোথায় ছিলে তুমি? আমফান চরম সর্বনেশে।
কোন সিন্ধু গর্ভে লুকাইত ছিলে তুমি?
তোমারই সৃষ্টি বিনাশ করিতে!
যারা পেল আগামবার্তা পশুপাখিগণ
গেল তারা কোথায়? কিভাবে আছে?
কেউ রাখেনি হিসাব নিকাশ বিপর্য্যতায়।
মাথা দোলা দিল যে গাছ প্রথম,
তোমার গতি কে রুদ্ধ করে দিতে পেতে ছিল বুক!
কি করে বাঁচাবে তোমার সৃষ্টি প্রাণ?
সে যে হল খান খান! হুলুস্থুলস নাশ।
লক্ষে লক্ষে লক্ষ্যের ধরে বিশ্ব কাঁদে
কোটি কোটি বুদ্ধিমানপ্রাণ।

তুমি তলিয়ে দিয়েছ জলের তলায়
বাঁচার রসদ সকল জীবের প্রাণ।
যারা আহার যোগায় গ্রাম গ্রামান্তরে
তাদের করিলে গৃহহীন মাথায় হাত।
তোমার তান্ডবে আজ তারা নির্বাক,
জলউচ্ছ্বাসে ডুবিলো ক্ষেতের পর ক্ষেত বাঁধ ভেঙে।
পশুও হত্যাকারী আমফান তুমি!
বিদ্যুৎ বিপর্যয় হাঁসফাঁস অতিষ্ঠ জীবন
মনুষ্য জীবনে কেউ দেখেনি তোমার তান্ডব LLP
শিশুরা আজও দিশেহারা স্তম্ভীত হৃদয়,
তবুও তোমায় ডাকে প্রাণ ভরে
অশ্রু মুছে দলিত চোখে,
উজ্জ্বল আলোর প্রভাতে।
ঘুরে দাঁড়াবার তুমি রক্ষক হওয়ার কথা,
তুমি এসো দ্বারে দ্বারে প্রকৃতি
আনন্দে মাতি সৃষ্টির নব উল্লাশে।

আত্মতৃপ্তি বাংলা

আত্মতৃপ্ত আত্মকথা বলে সুখে সুখী প্রিয়জনদের,
ডাকে প্রকাশে মধুর বাংলা ভাষা,
সম্বোধনে ধ্যানের শ্রেষ্ঠ ভাষা বাংলা।

বাংলা ভাষা মধুর ভাষা
এই ভাষাতে শুধাই আমরা
শিশু বাল্য থেকে।

বলে কয়ে ডেকে বলি
সঙ্গে সাথে হৃদয় ভরে,
এই ভাষা মেতেই জীবন গড়ি।

লিখি পড়ি বুঝায় বুঝি
মর্মে রাখি সোনার মত,
হৃদয় গর্ভে অমূল্য রতন
মৌখিক পাটে, পাঠে আচারে বিচারে।

দেশে দেশে দশে দশে,
এই ভাষা অমৃত ঘুরেফিরে মুখে মুখে,
আত্মীয় প্রিয়জন বলে সুখে
মনের তৃপ্তি রসে বসে।

প্রহর কাটে আত্মসুখে,
সম্বোধন, প্রকাশ খ্যাতি যে বিশ্বে।
সুরে, জাতীয়তায় মুখরিত পৃথিবীব্যাপী,
ধ্যানে দয়াদ্রে কবিত্বে, মাতৃত্বের মর্মরানী।

শুনিয়েছে জাগিয়েছে, আন্দোলন আত্মতৃপ্তি বাংলাতে,
বীর বাঙালির গর্ব সন্তান দল বাংলা ভাষাতেই।

গোলাপের মর্ম

গোলাপের সৌন্দর্য প্রকৃতির কদর
তার দানে তারই সৃষ্টি মানুষ মানে,
বয়ে চলে মানুষের স্রোতে যুগে যুগে
ভালোবাসার পবিত্র প্রতীক হয়ে।

তোমার স্পর্শ হর্স হোক
কোমল হাতে সযত্নে তুলো তারে,
মূল্য দিও তারে মহৎ চিত্তে,
দিলে, নিলে যে জন
উদ্যানে কষ্টে কন্টাকৃত গোলাপ
নয় সে সহজলভ্য।

কষ্টার্জিত লোভ্য হোক সুন্দর
হৃদয় উদ্যানে প্রস্ফুটিত হোক চিরকাল,
যদি তার পাঁপড়ি গুলো একে একে খুলে ফেলো;
কলুষিত কর তার সৌন্দর্যকে,
তোমাদের জীবন চলবে বিবর্ণ বিপন্ন পথে।

অজান্তে এসেছিল পাঁপড়ির অন্তরে
কোন এক অদৃশ্যকীট কুরে কুরে করেছিল
ক্ষতবিক্ষত হারিয়েছিল অস্তিত্ব,
যদি হৃদয় অন্তরে আসে এমনি
দশ দশায় হবে সর্বস্বান্ত তাও জানি।

প্রত্যাবর্তন

চলো যাই ঘরে ফিরে
খেলা ছেড়ে দলে দলে,
গগনতলে বিশাল মেঘ জমেছে,
আসবে ঝড় নামবে বৃষ্টি পড়বে বাজ;
উড়বে ধুলো ভাঙবে ডাল
পড়ছে হাঁক ডাক একে একে।

কৃষক পিতা করছে দিধা
নিচ্ছে ঝুঁকি ফসল সংরক্ষণে
পিছন ফেলে ক্ষণপরে
যাবে চলে স্বপরিবারে।

সারি সারি পাখির দল
স্বরূপানি বৈশাখের বিপদ,
দেখে ভয়ে ফিরে নীড়ে,
কলসী ভরে গৃহবধূ
ট্যাপ থেকে জল পড়ে ছুর ছুর
আকাশ পানে দেখে শুধু।

জল ভরা আর হুড়াহুড়ি
কলসী বালতি যায় গড়াগড়ি
একে একে যায় চলে,
মাঠ ঘাট কল খাল বন ফেলে
ঝড়ের কবলহতে,ঝড়ের কবলহতে।

মেঘের যাওয়া আসা

মেঘ তুমি কোথা যাও?
কোন অচীন দেশে?
পরীর মতো ভাসো তুমি অকস্যাৎ,
আকাশের বুকে আকাশের বুকে।

মেঘ তুমি, মেঘ তুমি
কোথায় হতে আসো?
দলবল সহ দলবল সহ,
কে তোমার পিতা? কে তোমার মাতা?
শুধুই কালে কালে আসা যাওয়া।

নেই তোমার ক্লান্তি নেই তোমার অবসন্যতা,
শুধু পড়ে যাও, মারো সাথে সাথে তীব্র আলোর ঝলকানিতে।
শুধু পড়ে যাও মারো গুড় গুড় ভীষণ গর্জনে,
ক্ষতি করো দৈত্য দানবের মতো,
শুধু তুমি যাও আসো যাও আসো;
রাশি রাশিতুলোর মতো বাতাসের লেজ ধরে।

ওরা রয়েছে এখনো

সেই আদিকাল থেকে
এখনো দাঁড়িয়ে আছে,
মাথা উঁচু করে মাথা উঁচু করে।
কত নির্যাতন অত্যাচার নিপীড়ন
খাজনা দিয়ে করে জমিদার যতন,
কত গিয়েছে মান গিয়েছে ইজ্জত জীবন;
তবুও রয়েছে চাষে উৎপাদনে।
যারা করে আজ বিশ্ব বড়াই
সেই আদি যুগ থেকে ইমারত গড়ে,
তাদের ওই ঘিরে তাদের ওই ঘিরে।
প্রকৃতির সহায় অসহায় ও লীন
জীবন বাঁচাইয়া হয়েছে উদাসীন।
শিল্প বাণিজ্য পেশা শিল্পীতে,
সমাজ, সভ্যতা সংস্কার জ্ঞানে ও
রয়েছে অকল্পনিও দান।
নিরন্তর কর্ম করে বিশ্বকর্মা মাঝারে
যুগে যুগে দাঁড়াইয়া থাকিবে
তোমাদের মুখে মুখে অন্তরে।

বিবর্ণ বৈশাখী ভূমি

রবির কিরণে
ভূমির উপরে,
বিবর্ণ নরসবুজ কূল গো।
তুমি উঠে পূর্ব দিগন্তে
ছড়াও তোমার তপ্ত কণা,
বিদীর্ণ হৃদয় খানা
প্রাণের অস্তিত্ব
নেই এক আনা।

আজ সবুজ বিবর্ণ
জীবন নেইকোন খানে,
পুকুর, ডোবা, জলাশয় খানা;
আজও তোমায় ডাকে
পিতা বলে জানে, পিতা বলে জানে গো।

ক্লান্ত পথিকজন
হাঁসফাঁস ধেনুগণ
অবসন্ন ধেনু মা,
গৃহস্থের ভিতর নিদ্রামগ্ন পরিবার
কর্তা ঘাম ঝরাচ্ছে,
ভিন্ন ভিন্ন কর্ম মাঝে।

পশু গণ গা ঢাকছে
ঝরা পাতায় ঝরা পাতায়।
নিস্তেজ মাটি ফুঁড়েতে,
ফাটল ধরায় ফাটল ধরায়।

এক রাশ পেতে একরাশ পেতে,

আশা, পিতা দেব জীবন,
মেদেনি আজ ভুলে গেছে!
ফুল ফুটাতে,
মৌমাছির গুঞ্জন বন্ধ
ঝাপটায় ভিখারি পাখনা
জুড়াই দেহ উত্তাপে।

আম কাঁঠালের বাগান,
শিশুগণ ফলগুণাতেদীনা।
তারা জানে পরম পিতা,
জীবন দাতালড়তে শেখায়,
কঠিন সংগ্রাম জীবন পথ;
পরীক্ষার ক্ষেত্র গড়ায়,
উত্তীর্ণ হতে উত্তীর্ণ হতে।
সর্বজীবের ক্ষেত্রে প্রাণের সৃষ্টি তুমি,
সৃষ্টি তুমি পাঠাও বৃষ্টি
বৈশাখী আহ্বানের পরে, বারি।

ভোরের পাখি কোথায় গেলি?

ভোর হয়েছে, ভোর হয়েছ, ভোর
ভোরের পাখি কোথায় ভোরের সম্ভাষণ?
ভোরের বিহঙ্গ আজ বিপত্তিতে
ঘুম ভাঙায় না বিপন্ন জনগণের,
ক্রমান্বয়ে হচ্ছে গ্রাস হরণগ্রাসে।
কেউ ভাবেনি কোনদিনও কোথায় তাদের বাস
যুগে যুগে জাগায় যারা,
কেন আজ শোভা ছাড়া কানন হারা?
ফলে ভরা শাখাশাখী ফলন যে আজ বৃথা,
আহার দিত জনম হতে চরতো মাঠে মাঠে;
পোকা খেতে ধানের খেতে ব্যাহত চাষের কাজে।
পাখার শব্দে মাতিয়ে দিত ভোরের আকাশ,
সারিবদ্ধ যে তো খাবার খোঁজে দিঘির মাঠে;
মনের খোরাক জোগান দিত আসা পর্যটকদের।
হারিয়ে যাচ্ছে কালের স্ৰোeতে সেদিন কি আর পাবে?
ভোর হয়েছে ভোর হয়েছে করবে না আর সম্ভাষণ।

পার্থিব গুন

পার্থিব বস্তুর কিছু দিকের ভালো মন্দ দুই আছে
কিন্তু নেশা, শুকনো নেশা, পানীয় নেশা, মানসিক নেশা,শুধুই খারাপ দিক,
ইহার বিনাশ করিনা।
,যেটা আমাদের দেশের যুব শক্তি উত্থান পতনে,
বশীভূত সমাজসংস্কার, বিশৃঙ্খলার সৃষ্টির ফল।

দেশের মৃত্যু, ইহার কেউ প্রতিবাদ, আন্দোল,
বিপ্লবের শিরোমনি! হয়নি কেউ?
প্রকৃতিতে ঘটেছে কত ঘটনা, নয়স সে রটনা।
দিন রাত, গ্রীষ্ম, বর্ষা, শীত বৃষ্টি, অনাবৃষ্টি
দেখায় যে গণে, কত কি ধরন! কি ধারন!
ভেবে দেখো নরপতিগণ যে কর্ম করে দেশে, হিতৈশী,
ছাইভস্ম ও নিহিত কিছু কিছু গুণ প্রাণ।

ধুলা দিয়ে বুঝাও কেন চোখ?
জালাও কেন আগুন,? ওড়াও কেন ফানুস? সুমোখোশ মানুষ?
নারীর বেলায় নিরব কেন .?শূন্য কেন পদ ঘাট শুনশান!
পদের স্বার্থে লড়াই করছ, কব্রছ দেশের ক্ষতি
হারজিত পরিপূরক ভালো মন্দতেও এক গতি। জল

শিশুর মনবিকার

চাহিদার যুগে নির্বোধ শিশুরা
মাথাকুটে ছটপটিয়ে বিশ্ব মাঝে,
পায়না তারা উদার আকাশ
পায়না তারা নির্মল সবুজ প্রাণভরা মাঠ।

হারিয়ে গেছে পূর্বের মনবিকাশের খেলা,
শান্ত মনে পড়তো পিতার আলয় আলো করে
বৈঠকখানা শূন্য আজ, জলে নাকো আলো ;
দিন দিন পাঠশালাতে দিচ্ছে পাড়ি,
বইয়ের চাপে বোঝা হচ্ছে, শরীর হচ্ছে ক্ষীন।

পিতার চাপে মাতার চাপে প্রতিযোগী হয়,
শিক্ষক-শিক্ষিকা দিচ্ছে গাদা গাদা পড়া
পৃষ্ঠার পর পৃষ্ঠা শুধু হচ্ছ ছাই!

শিশু আমার জীর্ণ শীর্ণ আত্মভোলা
সঠিকভাবে পায় না সময় খায় না খোকা,
যুগে যুগে হচ্ছে সব শিক্ষিত বোকা।

বীজ হীন গৃহ

জলে জলে ভরে গেছে মাঠ
মাছে জলে লাফালাফি করে আজ,
যেন গ্রামে গ্রামে উপসাগরে চাষ
চাষের কাজ ভুলে গিয়ে নেশায় মজেছে,সাবাস!
আগামীদিনে খাবে কি?
ছেলে পুলে পরিবার দল,
চাষী গেছে ভুলে বোপন, রোপন, কর্তন,
চাষানি বালতি গোবর ঝাঁটা নিয়ে যাওয়া
ভুলে গেছে গোলাঘর ধোয়া।
নেই যে তাদের আনন্দের ধারা
জানে না ঋতু বৈচিত্র আসা-যাওয়া;
সঙ্গী বিহীন পশু পক্ষী আজ কোথায়?
যারা ছিল নিত্যদিনের সঙ্গী!
কর্মহীন চাষী দল মদেমত্ত্ব নিশিদিন,
অশান্তি ছড়ায় গৃহের গণ্ডি
পতি পত্নী বিদ্বেষেবন্দী
সমাজ যে আজ রসাতলে
কে খুঁজবে কাজের তরে।
গৃহগুলো আজ শূন্যখামার
ধান পাট কলাই, বাদাম সবজি সব
যেত হাটবাজার শহরে দলে দলে,
নিয়ে আসতো পোশাক বই খাতা
সে সব আজ উল্টো পথে।
বুকের গর্ব ছিল ধানে পাটে
বীজ হীন গৃহময় অন্তর দ্বন্দ্বে বসে।

দেখো প্রকৃতি মাতা

দেখো নয়নমেলে, উদারমনে
বস, আমাদেরই রক্তহীম করা,
তোমার দানে কৃষিজ ফসলহীন।
গাছে, খড়ে, ঘাসে সামগ্রীতে,
নেই ধান নেই গম শুধুই
বহু কষ্টে কাটা রুগ্ন শ্রীহীন খড়।
নির্মাণ করেছি তোমারই জন্য
যতনে মনে প্রানে পাছে ভুল হয় জ্ঞানে
খড়ের গাদা খড়ের গাদা।

এবছর খড়ের গাদা কৃষিজ বেদি
খেতের চারিপাশে স্তুপাকৃত স্তুপাকৃত।
আমরা যাই দলে দলে ছেলেপুলে,
নিয়ে খাওয়ার রাখি গাছ তলায়,
ক্লান্তিতে শুয়ে থাকে গাছ তলায় ঘুমন্ত শিশু,
কাজ করি দিবানিশি পেটের জ্বালায় সহ পিতা মাতা।

খেতে খামারে কলে কারখানায়
দায়িত্ব, ভাঙ্গা গড়ায় কিছু দিতে পেতে।
সামান্য ভুল ভ্রান্তিতে মৃত্যু পরোয়া করিনা,
জীবনময় করি জবাব দিতে মহাজনদের;
বাঁচিয়ে রেখেছি তোমার সভ্যতাকে।
জীবন দিয়েছে তোমার সন্তানকে,
কি পেয়েছে দিন দিন দৈন্যদশা
আজও বই সেইরূপ নেই বিকাশ।

আবার তুমি কৃপণ, রুদ্রানী, তাণ্ডবিণী, মহাপ্রলয়নী
এরপরেও তোমায় ডাকিব, বসাব মোদের ঘরে,
জানাবে বীভৎস্বরূপ করুন পরিণতি,
মাগিব ভিক্ষান্ন ক্ষুধার্ত মেদিণীপরে;
তবুও দেবে তুমি শস্যঅঞ্জলি কর্মপানি।

ধাত্রী উপাদান

ধাত্রী উপাদান, ধাত্রী উপাদান শিক্ষিত মানব কুল,
মস্তকে থাকে সর্বদিকে বিবেচিতগুণ,
ভালো মন্দ ন্যায়, অন্যায়, বিচার, অবিচার ;
ক্ষমতা থাকে সত্যের সন্ধানে।

শ্রেষ্ঠ উপাদান যে জন হয় যে মহৎ গুণী,
সেজনন্যায়, অনুকূল পরিবেশীয় সহচর্য,
মাটির অভ্যন্তর নিহিত যেমন উদ্ভিদ উপাদানে,
বড় হয় যে উর্বর ভূমিতে।

ভৌগলিক পরিবর্তন বিভিন্ন স্থানে স্থানে,
মানব সৃজন বড় সম্পদ হয়, যে মানব সম্পদ,
ভিন্ন রূপে রূপে বিভিন্ন পরিবেশে।

ঋতু বৈচিত্রে হয় বৃদ্ধি বৃক্ষ, কৃষি, ফল, সবজি,
শিক্ষক আলয় পুষ্ঠ যেমন শিক্ষা সম্পদ,
এরা হারে ধরায় অপসংস্কৃতির স্তম্ভে।

ধাত্রী উপাদান গুণীমানব সম্পদ পারে,
উলটপালট করে দিতে,
দুর্যোগ, দুঃসময়, পরিবর্তন দেখেনা পশ্চাতে,
এরা রক্ষক প্রতিবাদক সভার উর্ধ্বে
ধাত্রী মাতার গর্ভজাত ভগবান সম্পদ।

মাতৃ বলি

মাগো, তোমার অমর বিপ্লবী শত শত সন্তান
যারা রেখে গেছে জীর্ণ জ্বরা রামযুক্ত মুক্ত স্বর্গ ধাম,
কোটি কোটি প্রিয়জনের রক্তে গড়া সমাধি মন্দির;
কেন হচ্ছে মাতৃ সন্তান নিত্য বলিদান?

যারা করেছিল স্বাধীন ভারত বর্ষ
নির্দ্বিধায় দিয়েছিল প্রাণ ফাঁসির মঞ্চে বন্দুকের মুখে,
শহীদ হয়েছিল তোমাদের জন্য
কেন ভাঙ্গো শহীদের আত্মাপূর্ণ তীর্থভূমি।

তারা কী কোনদিন ভেবেছিলঘোর দুর্দিন!
মাতৃআলয় হবে খন্ড খন্ড যুদ্ধ দুষ্টু নরদানবের,
কত উজ্জ্বল তরুণ আশা বুকেছিল স্বপ্নে ভরা,
কেন? অবলা-সবলা মাতৃবালা মাথা কুটে মরে প্রান।

পূর্ব পশ্চিম উত্তর দক্ষিণ উঁচু নিচু জল স্থলভূমি,
নিগ্রহ, বিগ্রহ, অত্যাচার, অনাচার, অবিচার দুর্নীতিবিদের;
সমগ্র ভূখন্ড আজ ধজা তুলে, যাদের দানে পেলে,
কেন? জাতী ধর্ম বর্ণ শ্রেণী বিভেদ সৃষ্টি গুলো স্বর্গ আত্মতলে।

চলবি

চলবি! চলবি খুঁড়িয়ে? খুঁড়িয়ে? চলবি খুঁড়িয়ে?
দেখবি, একদিন সোজা, সোজা হবি,
নয়ন তুলে দেখবি চারপাশ চারপাশ।
কলির ভূমিতে শিক্ষার ঝুলি
জ্ঞান দেয় বুঝবি, "নগ্ন সমাজ ভগ্ন মন"
প্রতিবাদে জ্বলবি আপত্তি ভুলে,
বাঁকা মাথা চোখে না দেখে না রেখে
বড় বড় চোখ করি এগিয়ে যাবি।
দুর্গম চড়ায় উত্তরায় পথে পদস্খলন
সরস্বতীর জ্ঞানের পূর্ণতায় হৃদয় অবলম্বনে উচু হবি।
পিছন ফিরে দেখবিনি ওরে নিষ্ঠুর কর্ম,
কদর করে নিবি হিংসা বিবাদ অসহায় ভুলে;
জাতি ছুবি একাত্ম হইয়া শিকারি মন
দানি হয়ে মানি হবি কর্মে উজ্জ্বলে।

কি দোষ আমার বলো মা বলো!

মানুষ হয়ে জন্মেছিলাম তোমারি কোলে
স্নেহ দিয়ে মায়া দিয়ে খাদ্য দিয়ে বাঁচাইলে এ প্রাণ,
কেন মরে বলিদিলে অকালে?
এ তরুন তাজা প্রাণ!
কি দোষ আমার বলো মা বলো?

আমারও তো আশা ছিল হৃদয়ে
কিছু করার তোমার এই সৃজনী বুকে,
আমি যে সম্পদ জমা ছিল গভীরচিত্তে
আলো জ্বালাবো মানব সাগরে
কি দোষ আমার বলো মা বলো?

প্রদীপ হয়ে জ্বলতাম আমি
গৃহকোণ সাধ্যমত কিছু দিতে,
মোর আলো নিভালে কেন?
ফুল ফোটার আগেই ঝরালে!
কি দোষ আমার বলো না বলো?

তুমি মারো রেগে মরি,
বেগে মহামারীতে
শান্ত না হয়েই শ্রাবণে প্লাবনে,
আরো খুব যত সাইক্লোন তান্ডবে।
অবশেষে পিষে ফেলো সুনমীভূমী কাঁপিয়ে,
কি দোষ আমার বলো মা বলো?

নিরানন্দ

বিদ্যার্থীরা ঘুমাচ্ছিল গত রাত্রে,
আগামী রাত্রে উদয় হবে বাগদেবীর আরাধনা
তন্দ্রা এসেছিল মধ্যরাতে ;
মন্ডপ সাজানোরপর কিছুক্ষণে।
দেখে ঘুমেরমধ্যে স্বপ্নের ঘোরে ঘোরে
ওই আকাশ ঘন মেঘে ঢাকা,
পাখি ডাকে তাদের সুরে সুরে
প্রভাতহলো কিছুক্ষণ পরে।
দেখে বাইরে এসে
আকাশ ঘিরে ঘন মেঘে ঢাকা,
শুনে কানে মধ্যে মধ্যে তীব্র বজ্রবিদ্যুৎ
রাতের স্বপ্ন সত্যি হলো,
মুহূর্তে আসিল বৃষ্টি, ঝেপে বৃষ্টি,
বৃষ্টি, ঝমঝমিয়ে ঝমঝমিয়ে;
নিস্তব্ধ গাছপালা ও বুঝে অকালে।
পারে নাই যেতে শিক্ষার্থীরা শিক্ষাআয়তনে
যত আয়োজন বন্ধ হল
নমঃ নমঃ সাজে,
সারিল পুষ্পাঞ্জলি বিদ্যাভারতীর,
পটকাবাজি রইল পকেটে,
ভীজে হল সর্বশান্ত আনন্দ উল্লাস।

বাগদেবী মা প্রসন্ন হও

দেখাও মা, তোর সমপ্রসন্ন সহায়,
সরস্বতী মা, তোমার বুদ্ধি, জ্যোতি, বিদ্যামতি
দেখাও তোর দয়া মায়া করুণা আর্তনাদে;
বিচরণ কর সবার মগজে মগজে।

তুই যে যে সবার,
দীন হীন নিচের ও শিক্ষাবতী
বিশ্বমাঝে চরাচর বিদ্যাস্থানে,
কেনই বা মরে? তারা আত্মহননে।

তারাও তো করে তোর আরাধনা,
নিয়ম নীতি নিষ্ঠা পূজার্চনা।
নিরক্ষর ফেল ফলাও, অনীহা ফলাও!
এ কোন অবিচার?
বিদ্যাসম্পদ খনন করাও পুস্তক গর্ভে,
পায় যেন মা তোর কৃপা সন্ধান;
হবে, সদাহাসময় স্বয়ং নদীরূপা কলতান!
ছাত্র-ছাত্রীর উদ্যানে ফলাও তোমার প্রসন্নতা।

বিপন্ন তরুণ তরুণীর আশা!

বিপন্ন তরুণ তরুণীর আশা,
তাই জানিয়া হৃদয় ব্যাপিয়া চোখ তুলিয়া দেখি,
না হেলিয়া, না দুলিয়া তারা কঠিন-ব্রতে,
চলেছে তারা এদিক ওদিক
শিক্ষাঘরে প্রযুক্তিতে, দীক্ষাগুরুতে
আঁকড়ে থেকে অর্থ ব্যয়ে তরুণ তরুণীরা নিশিদিন।

যারাই ছিল এরূপ পথিক,
অর্থ জোরে ছাত্র পড়তে পেল,
মোবাইলে যেন মগ্ন মনোরঞ্জরানি।
মুখটাকে ওদের দেখো?
না দেখার ভান বিবর্ণ মুখ
না কিছু পাওয়ার আশা,
আপনজন অন্তর খুঁজে কতবার!
হতাশা বঞ্চনাসার হৃদয় ক্লান্ত ;
যেখানে যাই ওরা সব দরজাইবন্ধ।

দেখি, ওরা আন্দোলন করে
স্কুল কলজে, সমাজ দরবারে,
ন্যায়ের পতাকা তুলে,
সামনে মরে, সংগ্রামী মরে বুক পেতে
বন্ধুকে বারুদে লাঠির আঘাতে।

শুনি পিতা-মাতার আর্তনাদ,
আত্মদহনে নিমজ্জিত গৃহবন্দী,
কেউবা হৃদয়বেদীর যন্ত্রণায় মরণ!
কেউবা পাড়ি দেয় সর্ব দুঃখকারি
মরণ জেনেও বিদেশে পাড়ি।

দেখি ওরা চিন্তা মগ্ন বাড়ির চারপাশে,
বলে, বলে ওরা সান্ত্বনা দেয় মনকে
কারখানা নেই, শিল্প নেই, শিল্পপ্রযুক্তি নেই হেতা
ক্ষুদ্র মাঝারি বিভাগ কারিগরি নির্মাণ শিল্প;
জেগে!জেগে! চিৎকার করে, করে নিপাত যাক নিপাত যাক স্বর্গভূমি থেকে,
স্বার্থান্বেষী, শোষণকারী পরোক্ষ হত্যাকারীর দল, ঠক্ প্রতারক প্রমাণ
অযোগ্য মুখোশধারী শাসনকারী।

আর কতদিন! আর কতদিন! তরুণ তরুণীরা থাকবে অনন্ত আশাহীন,
মরবে মাথা ঘুরে অসহ্য যন্ত্রণায়
তাই দেখে ধাত্রী মা,
আশা দেয় বুকে, মধুর হাসি, ভাষা
ভরে উঠে ভরে উঠে আসার ঠিকানা,
ব্যবসা, কারবারি, পশু পাখি লালন পালন
সবুজে সবুজে ভরা দিবস রজনী ধরণী তল।

শৈশব ফিরে পাওয়া

স্কুলের পাশে বসতবাটি
থাকতাম সেথায় দিনরাত্রি,
কেউ ছিলনা সঙ্গে সঙ্গীসাথী
ছিল স্কুলের ছোট্ট ছাত্র ছাত্রী ;
নিয়ম মেনে পড়ত, লিখত খেলত সেথায়
তাদের খেলা দেখে, খেলা দেখে
কাটত দিন আনন্দে আনন্দে,
বয়স ছিল আশির বেশি
আর কত বসি?

ছেলে পুলে কেউ ছিলনা
ভাবতে ভাবতে চুল হয়েছে সাদা,
স্কুল বসারআগে ছুটির মাঝে
খেলত তারা আমার ঘরে,
মজা করে মজা করে আমার সাথে।
ওদের মতো দেখে মনে পড়ে আমার,
আমিও খেলতাম ওদের মতো শৈশবে,
পড়তমনে পড়তমনে সেদিনের কথা
আমিও ছিলাম ওদের মতো শৈশবে গাঁথা।

বৃষ্টি

তীব্র দহনে তৃষিত বক্ষে
যদি আসে বৃষ্টি সম্মুখে,
সে তো দেয় প্রাণে শীতল সঞ্জীবন
থাকেনা আর হাঁস ফাঁস উষ্ণতার আস্ফালন।

ধুলোময় পথে লাগে না চোখে মুখে প্রশ্বাসে
গাড়ি বাড়ির কার্বন গুলো লিপ্ত হয় মাটিতে আকাশ হতে,
নোংরা আবর্জনা, দুর্গন্ধ ধুয়ে নিয়ে যায় রাস্তা হতে নালা, খাল, নদীর্
স্রোতপথে ;
রাস্তা, গৃহ, মঞ্চ, মন, গাছের পাতা চকচক করে মলিনতা দূর হতে, বৃষ্টি
থামতে।

রাতের আঁধারে যদি ঝিরিঝিরি বৃষ্টি নেমে আসে
মন উন্মুখ হয় কিছুটা সময় চঞ্চল হৃদয়ে ভিজতে,
জোনাকিরা ঘুমিয়ে পড়ে নিষ্প্রভ হয়ে পাতাতে,
মত্ত দাদুরি পুকুর জলাশয়ে ডাকে আনন্দে চিত্তে।

বহু প্রতীক্ষার অবসান ঘটিয়ে চাষী ক্ষেতে পায় বৃষ্টি জল
তাই দেখে তাদের কি আনন্দ সেই জানে মন,
দীনাজল সরবরে মীনগুলো ছিল হীন হয়ে,
বৃষ্টির জল পেয়ে সেতো উজানে নড়ে চড়ে।

নিয়ন্ত্রণ

পৃথিবীর আবর্তন পরিক্রমণ গতি
নিপুণ নিয়ন্ত্রণে ঘুরে,
এদিক ওদিক যায়না, একটুকু সরে
কক্ষপথ হতে,
তারই প্রভাব সঠিক পড়ে নিজহৃদয়েতে
দিনরাত্রি ঋতুচক্র হয় নাই হেরফের একরত্তি।

নিয়ন্ত্রণ আছে নদী জোয়ার ভাটায়
সবই যে ঘটে তিথি মেনে,
হ্রাস বৃদ্ধি ঘটে নদী জল সমহারে ;
প্রতি মাসেই কৃষ্ণপক্ষ শুক্লপক্ষ মেনে।

সূর্য, চন্দ্র, মঙ্গলে রকেট যাচ্ছে আকাশ বাতাস কেঁপে
পৃথিবীর রত্ন মেপে
সূক্ষ্ম নিয়ন্ত্রণে চলছে রে বিশ্লেষণে ;
পলক ভুলে যাবে চলে অলক্ষ পথে,
মহাকাশ চন্দ্রমঙ্গল যান, অভিযান
পৃথিবীর কোলে হচ্ছে কি শনিপু নিয়ন্ত্রণে।

তুমি যে নিয়ন্ত্রণকারী শিশুকাল হতে,
এসেছো এই কালে খেটে খেয়ে খুটে পড়ে পড়ে,
সেটাও যে হয়েছে নির্দিষ্ট নিয়মে;
শিশুকাল শৈশবকাল বাল্যকাল কৈশোর
সবি যে চলে নিয়ন্ত্রণ মেনে।
আর যে আসছে যৌবন বার্ধক্য কাল
নিয়ন্ত্রণের পিছে পিছে
নিয়ন্ত্রণ, নিয়ন্ত্রণ শিশুকাল ও শৈশব কাল নিয়ন্ত্রণ।
নিয়ন্ত্রণ মেনে চলেছিল যারা
আজ সব নিয়ন্ত্রণের কারিগর তারা।

দিনের ভালোবাসা

জেগে উঠে ভোরের আলোয়
পাখিরা সব, ভালোবাসে ঘুম ভাঙ্গাতে,
শিশু সব জেগে উঠে প্রভাত আলোয়
ভালোবাসা পেতে আপন জনের হাতে।
গৃহবধুরা ভালবাসে গৃহস্থের বাসি কাজ,
ছেলেগুলো ভালোবাসে পড়তে পাঠশালায়
চাষীগণ যায় কাজে ভালোবেসে আপন খেতে খামারে।

বৃদ্ধ বাবু চায়ে কাবু ভালবাসে চায়ের দোকান,
দোকানদার যায় দোকানে নিত্য,
ভালোবাসে প্রসরা সাজিয়ে বিক্রয় করতে।
ডাক্তারগণ চেম্বারে যায়
ভালোবাসে রোগী পেতে।

খেলোয়াড় জায় ময়দানে শিখতে,
ভালবাসে সেরা খেলোয়াড় হতে।
দেশের কুমোর একটু বিভোর,
তেমন হয়নি বিক্রয় বাট্টা,
তবুও ভালোবাসে কাদাপরিপাটে,
তৈরি করতে হাঁড়ি কলসী নানান জিনিস কে।
রাজমিস্ত্রি ভালবাসে কোনিক উলন হাতুড়ি নিয়ে, একের পর এক ইট
সাজিয়ে সখের পাকা বাড়ি বানাতে।

ছুতোর ভাই ভালোবাসে কাঠ করাত কাঠ কুরে, কুরে
বাটুল কে পিটে হাতুড়ি দিয়ে আসবাব পাত্র তৈরি করতে।
কামর ভাই ভালোবাসে লোহা পিটে পিটে
ঘর্ম ঝরায় গৃহস্থের কর্তন সামগ্রিক তৈরিকরতে।
গাছেরা ভালোবাসে জীবকুল কে বাঁচাতে
শোষণ করে দূষণ বায়ু ক্লোরোফিলতৈরিতে।
সূর্যালোক ছড়ায় সকল শক্তি, সোনালী আলোয়
বাঁচিয়ে রাখে ভালোবেসে গুনোসম্পদ পৃথিবী কে।

পরীক্ষাগারে প্রথম ভাগ

মন্বন্তরে সুপ্ত থাকে যে ভয় সাহস
মনচালাও প্রশ্নে, চলবে স্তরে স্তরে,
শান্ত ধীর এদিক-ওদিক চাইও না,
কাহারো পানে কাহারো পানে ;
প্রবাদ বলে চোখ যেদিকে যায় মন সেদিকে যায়।

মনোবল হারিওনা কোনোকাল
স্মৃতিবল জাগাও ধীরে ধীরে,
বিতাড়িত করো দুরভাবনাগুলো
নিয়মানুবর্তিতায় থেকে।

অর্থবুঝ পরপর প্রশ্নপত্র গুলোর,
শান্ত মনে স্মরণ করে উত্তর গুলো ক্রমান্বয়ে
লিখো, লিখতে লিখতে পূর্ণ হবে উত্তরপত্রগুলো।

ফুল

ফুল ফুটে বাগানে বাগানে
দেখে, তাও সব সমাজ জনে জনে
বলে, এ জনে ও জনে, কি সুন্দর! কি সুন্দর!
মনহরা, নয়ন গুলি নয়নাভিরাম আকৃষ্ট সবার।

বাতাসে দোলে দোলে চতুর্দিকে
সৌরভ ছড়ায় সমাহারে সবারই সবারই,
মধুকর মধু নিতে আসে দিনে দিনে
শত শত প্রজাপতি বসেও অনাআসে।

বাধা নাই তার কষ্ট নেই তার,
নিজেকে বিলায় মলিন হাওয়ায়,
তোমায় তুলে মহৎ কাজে জনে জনে
মঙ্গলে অর্পিত মায়ের কোলে,
আত্মসংযম পবিত্র হৃদয়ে যে।

তোমার গুনমহিমায় ত্যাগীরা
ছুটে যে কল্যানসাগরে,
তুমি সবার হৃদয়ে সর্বকাজে
ফুটে ওঠো মানববাগানে।

বিচার

কার তরে? কে? করিবে কার বিচার!
সবাই অবিবেচক বিচারেবন্দি।
কাগজে-কলমে সংবাদে বেতার চিত্রে,
থেকে গেছে ও মগজে,
পায়নে বিচার নিহত বিশ্ব।

অতীতের ঘটনা নয় সে রটনা
রাজা নেতা নেত্রী, প্রভাব প্রতিপত্তি,
দেশ ও জাতি ব্যক্তি শিল্পপ্রতি
জ্ঞানী গুণীজন ব্যবসায়ী নিধুরাম ;
ঘোরতর করিয়াছে অমানবিক অন্যায়
হয় না তাদের কোনো রূপ বিচার, বিধাতার ফল।
দেশে দেশে ছেয়ে গেছে এইরূপ বাণী,
বলাও অবলা ধনী গরীব হয়েছি শুধু হায়রানী।
কোথায় গিয়াছে? কীর্তিমানের যশস্বী
তারা কি শুধুই দেওয়ালের ছবি?

এসো হে বন্ধুগণ, এসো হে বিচারকগণ
বিচার করিব সত্যন্যেয়ের,
দাঁড়াইব হিমালয়সম সম স্বমার্গে
বিচার দাও বিচিত্ররূপ অপরাধীদের।

চাষে এক মা দেখ

আমরা কৃষক আমরা কৃষক
খাদ্য উৎপাদক এক, চাষ যে এক
পদ্ধতি ধরন ধারন নয় সে ভিন্ন
একসে ঋতু, এক যে রবির,
নাম যে মোদের চাষী।

আমরা কৃষক আমরা ভারতীয়
এখানেই বাস করি এখানেই মরি,
আলো বাতাস পাই যে মোরা
নেই যে বিভেদ সবুজ তলে ঘর।

সকাল হলে যাই যে চলে লাঙল তুলে কান্ধে
একসে মাঠে চসি মরা দিনরাত।
ছেলেপুলে লাগে কাজে
পদ্ধতি যে এক,
ঝড় বৃষ্টি হলে হাত লাগায় একে অপরে।

ফসল উঠে খামারপোতায়
ঝাড়াই মাড়াই করে পরস্পর,
গোলাঘর পূর্ণ করি
আনন্দভরা সব এক।

বিবর্ণ সংস্কৃতি

আজ ঘরে ঘরে ছেয়ে গেছে, ওরাজগতায়
আত্মহীনদের দাঙ্গা খুন যখম,
দেখে না কেউ চোখ তুলে
রক্ত ঝরে রাস্তাপরে।

বীষ খেয়ে উজাড় হচ্ছে
চাষীদের নেই কোন আনাগোনা,
মরছে তারাও অর্থাভাবে ণ
প্রকৃতির খামখেয়ালি পনায়।

ফুলের বাগান কাঁপছে ভয়ে
কি হবে আমাদের ফুটে
কৃত্রিমতায় হাত পড়েছ
দেবতার পায়ে।

মঞ্চ সজ্জাকারী সুবিধাবাদী
ধোঁকা দেয় প্লাস্টিকের বেড়ি া
নিজের স্বার্থে আমায় করছে বিনাশ।

পাখ পাখালি করেনা খেলা
ঘসের ডগায় জলে না শিশির,
সকালে জাগায় না মায়ের পরশ আঁচল
সবুজ অরণ্য বিবর্ণ পাতা কুটে কুটে
ধ্বংস সজীব প্রাণ মোড়গের নাথ,
অজানা কীটে করেন নাচ।

শিক্ষা আজ ভিক্ষা মাগে দ্বারে দ্বারে
আদর্শ শিক্ষা নেই মরে যাওয়া মানবিকতায়,

কেউ ভাবে না, ছেলেদের দুর্গতি
ছন্নছাড়া বাউন্ডুলে অবাধ্যযাত্রা
হতছাড়া দিশেহারা মরচে রাখি,
গাড়ির পর গাড়ি ছুটছে এই ঘরেই
প্রচলিত শক্তি জীবাশ্ম শেষ বিপর্যস্তরের
নেই কোনো শুষ্ক ভাবনা নেই কোন আবিষ্কার
মনে আছে শুধু ভাবনা আপনা আপনা।

আলোর বার্তা

ওরে বাছা, জাগরে ভোরের পাখিরমতো
ঘুমিয়ে থাকিস নে আর স্বপ্নঘরে
ক্লান্তি ছেড়ে দৌড়বি চল,
ডাকবি তাদের কড়া নেড়ে
আপন জেনে কর্ম কর।

রাতের জড়তা ছেড়ে নির্মল হও
রবির সাথে ধীরে ধীরে,
জ্ঞানের আলোয় হৃদয় ভর।

দিগন্তে দিগন্তে উদারতার চরে
গুরু গুরুজনদের আদেশে সুমন হও।

লোভহীন জীবন পুষ্টকরে,
সু কর্মে সত্যব্রত আত্মত্যাগীভারে;
সর্বজনে হবি হরি আদর্শজ্ঞানে।

শিশুর প্রার্থনা

মাগো! দাওনা তুমি আমায় খেলতে।
তুমি, শুধু আমায় বলো পড়তে।
আমার, মন বড় চঞ্চল।
মাঠে, যেতে দিন সকাল বিকাল।
নিয়ে, সকল সঙ্গী সাথী ঘরেরঘরে।
বলি, খেলতে খেলতে পাড়ার মাঠে।
মা, সবাই এক, বাসনা ও এক।
দাওছুটি, ছুটে গিয়ে হৃদয় মেলি।
গড়ি, শরীর মনের গঠন।
মুক্ত মন, স্বতঃস্ফূর্ত রক্ত তাজা শরীর।
রোগ, বিশুদ্ধ মুক্ত মন প্রতিরোধ।
সম্পদ, বাড়ে নিরোগ শরীরে স্বাস্থ্য সম্পদ।
হাসে, আকাশ বাতাস সবুজ আমাদের পেয়ে।

স্বর্গভূমি ভারতবর্ষ

স্বর্গভূমি স্বর্গভূমি ও আমার স্বর্গ ভূমি,
আমরা রচিব স্বর্গভূমি, জনমমঙ্গলে সর্ব কর্মকাণ্ডে;
আমরা তোমার অবোধ সন্তান দাওগো বাঁচতে।

ভূমিষ্ঠ হই গো মোরা, এক সে আবহাওয়া সমাজ জলবায়ুতে,
শঙ্খ ধ্বনিতে হইগো মোরা পরিচিত তোমাদের একজন, একজন
পুষ্ট মায়ের শান্ত শিশুরাই তোমরাই সম্পদ।

বেড়ে উঠি এক পরিবেশে ভূমিমায়ের সকল উপাদানে,
সব মায়েরই চিন্তা ভাবনা এক, দুধ যে হয় সাদা,
মিলে মিশে খেলি মোরা মাঠ, বাগান, ময়দান এক।

সূর্য অস্ত গেলে ছেলে মেয়েরা ফিরে মায়ের কোলে,
সকল পাখিরা যেমন লালন পালন সেরে খেয়ে,
ফিরে ঘরে,মায়ের কোল শান্তির নীড়ে।

সকাল হলে যাই গো মোরা মিলেমিশে, যাই গো মোরা,
পাঠে, পাঠশালা, স্কুল বিদ্যালয়, মহাবিদ্যালয়, বিশ্ববিদ্যালয়, হয় যে এক;
হয় যে শিক্ষক শিক্ষিকা খাতা বইপেন একমান,
মাঠে ময়দানে ঘুরে বেড়াই নয় যে ভিন্ন চিন্তা ভাবনা;
চা ওরেস্টুরেন্টে খাবার মজলিস সামগ্রিক দোকান যে এক,
আড্ডা জমিয়ে হাত ডুবাই ধোঁয়া উড়াই রাত্রি যে এক।

খুদা নিবৃতি প্রবৃত্তি কাজের সন্ধান যাইগো মোরা,
অফিস আদালত দপ্তরি কোম্পানি কর্মশালা,
হয় যে সে সবার, সবার দাতার সবার মিল,
কেনাকাটা বাজার হাট দোকানদানি তোমার আমার সব এক;
হয় না যে ভিন্ন ভিন্ন মায়ের কোল ভূমির তলে বাস।

ন্যায় অন্যায় বিচার ব্যবস্থা মত প্রকাশ,
দেখনি, দেখায়নি কোথাও ভিন্ন সবার তরে এক।
মৃত্যুবরণ চিরন্তন নিয়ম সবার এক
কান্নাকাটি সুখ দুঃখ দেখি, বুঝি সমব্যথী,
অন্তর নিয়ম নিষ্ঠা ধর্মগ্রন্থে এক;
সারকথা যে এক বিন্দু।

সকল দেশক্ষাকারীর প্রাণ বিনিময় বিশ্বসেরায় স্বর্গভূমিকে যে এক।
ও আমাদের স্বর্গভূমি, স্বর্গভূমি প্রানের চেয়েও দামি।

ফুলকে ফুটতে দাও

প্রকৃতির দানে এসেছিল ফুল এই ভুবনে,
তাদের সৌন্দর্য গন্ধ, উৎসব অনুষ্ঠান পূজা পার্বণ,
মনোনয়ন, নয়নাভিরাম, পবিত্রতায় মৃত্যুতেও বরণ।

আজ ভ্রমরেরা মধুহীন শিশুরা ও আজ মধুহীন,
করে নাকো আজ ফুল চাষ, চাষীহীন।
যারা করে চাষ তারা হলো তোমার নিত্য দাস।
ঘরে ঘরে আজ নিত্য অবিরাজ মানি ফুল,
মালী আজ বলি অর্থাভাবে,
হয়নি ফুল কীটপোকার মোড়কে চাষ নিমুজ;
ফুল চাষিরা আজ কমে কমে কাজে বিপন্ন,
তাদের সহায় হও! সহায় হও!

ফুল ছাড়া দেবদেবীর যে পূজা অর্চনা,
মঞ্চসজ্জা যত উৎসব,
ঘরে ঘরে, দেশ ও দেশের বাহিরে, করে উৎসর্গ।
যারা চাষ করে রোদ জল ঝড়ে বৃষ্টিতে
তারা আজ বিপন্ন, প্লাস্টিকের ফুলে ফেঁপে,
প্লাস্টিকের ফুল প্রকৃতির গ্রাস।

উৎসব সাজাও, ও গুলো কেন করো ব্যবহার?
প্লাস্টিক ফুল ব্যবহার, পুনঃ ব্যবহার কৃত্রিম ফুল।
বাঁচতে দাও বাঁচতে দাও ওরা বড় অসহায়,
ফুলকে ফুটতে দাও! ফুটতে দাও!
তোমার আমার সবার মঙ্গলে।

শিশুর প্রথম আঁকা শিখা

শিশু মন জানে না খাতায় কি হয়?
পেন্সিল কলম দিয়ে দাগ করলে,
দেখেছে রোজ দাদা দিদি করে যেমন ;
খিলখিল হেসে আসে সে ওদের কাছে
নেয় সে খাতাপেন্সিল ছিনিয়ে।

উঃ আঃ উম মা করে দাগ টানে এদিক ওদিক,
মনের হরষে আঁকে কত কি করে,
হয়তো পাখির, হয়তো পশুর, গাছপালা মহাপুরুষ ;
প্রকৃতির নদী নালা গাছ ঘর পাহাড় পর্বত
এত তো সব সে জানে কি?

শুধু এদিক ওদিক আকার টানে
এ পেন পেন্সিলও পেন পেন্সিল টানে সে
ছড়িয়ে থাকা রংবেরঙের পেন্সিল পড়ার আসন থেকে।
রংবেরঙের আঁকার টানে, সে খাথার উপর
ফুটলো ছবি উঠল হেসে দাদা দিদি যায় গড়াগড়ি;
মা এসে নিল তারে বোকে বোকে।

গোপন মনে রইলো তার টানা ছবি
নিত্য আসে সে গৃহে পাড়ার আসনে।
তারে যদি দেখো মন দিয়ে নয়ন মেলে
ফুটেছে যেন ছবি খাতায় অজানা দাগ গুলো,
মাথামুণ্ডহীনচিত্র, শিশুর প্রথম শিক্ষা।

বুবাইয়ের মেঘলা মন

সকালবেলায় মেঘের ডেরায়
সূর্যালোক আসে ক্ষণে ক্ষণে
বুবাইয়ের উঠতে দেরি বিছানায়
চায়ে চোখ বুঝায়,
ক্ষীণ আলোয় দৃষ্টি দুষ্টু আশা
উঠল অবশেষে।

ফাগুনেতে ঝরা পাতা
জীর্ণ জরা শীতের গাছগুলো,
নয়ন তুলে আকাশ পানে
বৃষ্টি পেতে প্রহর গুণে।

সময় কাটায় বুবাই বাবু
মেঘলা বৃষ্টি মাকে করে কাবু,
যাবে না সে স্কুলে কোন মতেই পড়তে
মাকে বুঝায় দিদিমনি আসবে না যে!
অন্ধকারময় দিন কীর্তিহীন স্কুল,
যাবো না তো স্কুলে নয়তো একদিন।

আমিও যাব না তারাও আসবে না
কি মজা হবে! কি মজা হবে! তোমার কোলে বসে।,
লুকোচুরি খেলবো মোরা এই ক্ষণে
তুমি বলবে, স্কুলে যেতে যেতে
আমি বলব, যাব না যাব না,
মেঘের ফাঁকে ফাঁকে বেলা গড়ে
আমার মন চাইছে না যেতে,
মেঘের মতো ভেসে উড়ে যাব, উড় উড়ু মনে।

বিশ্বরূপে

মায়ের প্রকৃতির রূপ বিশ্বমান
কোথাও নেই? এরূপ দান।
উত্তরে সুবিশাল সুশোভন হিমালয় মগ্ন
তারই সোনাবরফ গলাজলে কর্ম, ধর্ম, বর্ণ, হর শশুর, সবুজ,
বয়ে চলে বিস্তীর্ণ সেতু ব্রিজে বাধা নদনদীর কল্লোল;
রত্নগর্ভা গর্ব সমুদ্র তলে, সমুদ্র তলে।
দক্ষিণে মহাবিশ্তার সীমাহীন উত্তাল তরঙ্গ সাগর মহাসাগর,
মন্দিরে মন্দিরে ছয়লাপ আচার বাহার মঙ্গলে,
পুঞ্জিত দীপমালা সভ্যহীন আদি জাতি, গর্ভে তরলসোনা।

পূর্বে সংস্কৃতি বিপ্লব সৃজন ধরা বয়ে চলে,
পশ্চিমে বাণিজ্য, চিত্র, কেন্দ্রদ্বার, রাজধানী শহর, মরুদ্যান ;
মধ্যভাগে ছোটভূমে খনিজগর্ভ গর্ব অতলস্পর্শ।

উত্তরে স্ব স্বরূপে মন্দির, মসজিদ, গির্জা উৎসব
স্থানে স্থানে অরণ্য বরণ করে ভূমি,
তাতে থাকে নানাবিধ পশুপাখি।
রৌমউদ্যান ভরেছে ভারত ভূমি,
এমন একদিন দিন নেই যে,
সংস্কৃতি চর্চা হয়নি!
জন্মেছে বহু মহাপুরুষেরা, খেলোয়াড়ের,
বিশ্বকাঁপে তাদের দোহায়।

অংশরাখে নীল গ্রহে,
অন্নদাতা চাষি দল ভরেছে সবুজ আবরণ
এরাই আভরণ রোপনে সবুজ বৃক্ষ,
তিনদিকে জল জীবনদাতা মৌসুমির বল।
অনন্যা মাতৃভূমি বিশ্বদেশের
আর তো নেই এরূপ স্বদেশ পৃথিবীর বুকে।

নিখোঁজি দুর্গা

দেবী দুর্গা ও খোঁজ নাওনি!
জগত জননী, জগৎময়ী মঙ্গলময়ী, মঙ্গলময়ী মা
তোমার বল তোমার সকল শক্তি,
আসে কোথা থেকে? বামে, ডানে, উর্ধ্বে অধ।
সৃষ্টির উষাকাল হতে বিরাজ করো আজও,
সৃষ্টির পরম পিতা গোবিন্দের শাখা প্রশাখা ও স্বামীর অস্ত্রে; ওই
অন্যায়কারী নিপীড়নকারী অবিবেচক ও অবিবেকদের,
নিধণরণকারী, জন মহাসংগ্রামী সকল সম্প্রদায়ের;
বিনাশ কর কুবুদ্ধি, সাম্প্রদায়িকতার কুমনাবৃত্তি।

জয় মা বলে হাত ধরে স্বপরিবারে আসে,
তারা কেউ নয়, !কেউ নয়!
মাঠে মাঠে, বাগান উদ্যানে সমতলে,
মরে খেটে মরে চাষিরা মজুরেরা,
পুষ্টি উপাদান দিতে তোমার শরীরেরজণঅংশে
পারে পাহাড়ে মালভূমিতে;
গরম উর্ধ্বত পানীয় দ্রব্যটি।

তোমাকে ডাকে আরাধনা করে মন উজাড় করে
পরনে নেই নতুন পোশাক সব ঘরদর,
প্রকৃতির খামখেয়ালি কর্মশালায়,
সর্বস্বান্ত! হয়েও তবুও মার বন্দনায়।
নেই বোনাস নেই কারোর খোঁজো, চিরকাল
গড়ে, এদের গড়ে না কেউ মহা উল্লাসে!

সৃষ্টিদাতৃ মাতৃ মন

হও তুমি অসাধারণ
হও তুমি অনন্যা,
শুধু তুমি নারী! নও, জননী, জননী
সৃষ্টিদাত্রী মাতৃপনমন।

হও তুমি পার্থিব বস্তু সৃষ্টিশীল
হও তুমি ব্যতিক্রমী পরাক্রমী,
শুধু তুমি মহিলা! নও, গর্ভধারিণী, গর্ভধারিণী
স্নেহ মায়া মমতা করুণাময়ী।

হও তুমি সমাজমুখী প্রতিবাদী
হও তুমি বিপ্লবী চালকিনি,
কেবল বালিকা! নও, মা, মাতৃভাষা প্রথম শিশু শিক্ষিকা,
গৃহগুরুজি শিক্ষিকা অন্নপাকারানী সংহারিনী।

হও তুমি আবিষ্কারক মহাকাশচারী
হও তুমি রাজনীতিবিদ দেশরক্ষী,
শুধুই রমণী! নও, অন্নদাত্রী
হৃদয়ে দম্পতি পতি, সতী সাবিত্রী।

হও তুমি বারমুখী ভনিতা
হও তুমি আঞ্চলিক নেত্রী সুসামাজিক কর্মাদিপতি,
শুধুই তুমি রমণী! নও,গৃহলক্ষী কুলমানি মাতৃভাষা শিশু শিক্ষারানী,
গৃহসমৃদ্ধা গৃহদেবতা পূজারীণি।

একটু খানি বসো

যেও, যেথা যেতে চাও
মন যেখানে থাকে,
নেই তাতে আপত্তি
শুধু, একটি খানি বসো
আমার পাশে, আমার পাশে।

দেখব, তোমায় মন ভরে ভাববো হৃদয় ভরে
বলবো কথা, প্রান ভরে
নাইবা দিলে সাড়া,
নিথর হয়ে থাকো তুমি
আত্মার দিব্যি হয়ে।

প্রাণের চেতনায় প্রিয়া
বলবো কথা, রাগ অনুরাগ
প্রহর শেষ হয়ে যাবে,
চাঁদ দেবে স্নিগ্ধ আলো,
পশু পাখিরা রইবে জেগে।

বিরহ যন্ত্রণা অন্তরে অতৃপ্তি থাক
বছর গুণে যাব,
নাইবা হলো, সংসার ফুল ওফল
ঘর দুয়ার পড়ে থাক,
পরের হৃদয়ের রত্ন নষ্ট করে
হয় কী? তা পূর্ণ পুণ্য,
ছেড়ে দিলাম আমি
মন যেখানে যেতে চায় যেও।

পাঠাইও না দেশ দেশান্তরে

দেশমাতা মিনতি করি তোর পায়, তোমার মেয়ে,
মা, রত্নাগর্ভাজননী, রত্নদের দিও নাগো যেতে!
দেশ দেশান্তরের পূণ্যভূমিকে রক্তাক্ত করতে।
যাদের হৃদয়ে ধ্বংস লীলা সু কঠিন বজ্রহাণে
নিমেষ করে, নিমেষে ইতিহাস বর্বর কর্মে।

যারা কোনদিনও ভাবেনি, পূর্বাপর
ঘটনার ইতিবৃত্ত, শুধুই মৃত্যুর বরন মৃত্যুপুরে।
যারা দিল প্রাণ আগামী সম্পদ, আশালতায়,
কি দোষ? কি পাপ? কি পেল? বল দেব দেবীও।
মা, গর্ভধারিনী, মানুষ করে ছোট থেকে,
যত্ন, স্নেহ, মমতা, কর্তব্য দায়িত্ব আদর্শে।
দাঁড়াও সমাজের বুকে হেসে খেলে পড়ে পরশে,
তিলে তিলে বাড়ল, যেমন মাতৃক্ষনিগর্ভে।

পাঠাও কেন তাঁরে? লক্ষ্যহীনা বিশ্বরূপাএবিনা,
দেশদ্রোহী অত্যাচারী জঙ্গি ভান্ডারে।
যাদের রাজ্য তাদের দেশ তারাই প্রধান,
তারা চালায় তারাই বিষ, তারাই শেষ।
মাগো! তুমি পাঠাইও না পরদেশে, জঙ্গি করে
তোমার চারপাশে যে বিশ্বসেরা দেশ।

নও তুমি দীন হীনমন্যতাময়ী

আমি তোমাকে হীন দীন ভাবি নাই,
অন্যের ভাবনায় কেউ হয় না দীনময়!
তুমি প্রতিভাময়ী লক্ষ্য স্থির দয়াময়ী;
একাগ্রমনস্কো, পরিশ্রমী, শিক্ষামুখী, ভাবমুখী সদানন্দময়ী।

অতীতে ইতিহাসের পাতায় আমরা কত দেখেছি সৃষ্টিশীলতা,
দীনতম পরিবার থেকে উঠেছে উজ্জ্বলতায়;
রেখেছে, হয়েছে, হইতেছে কত গৌরবান্বিতা
সবারমূলে শিক্ষায়ব্রত, ব্রতীনি নিত্যএকাগ্রতা।

বিশ্বের সর্বস্তরের সবার হৃদয় অধিষ্ঠিত বিবেকবান,
বিবেকবানের কাছে আমরা ঋণী বুদ্ধি নিতে, জীবন চলমানজনে;
মনে মনে থাকুক লক্ষ লক্ষ লক্ষ্য আশা
মুখে মুখে থাকুক প্রাতস্মরণীয় সুভাষা।

যারা সমুদ্র সৈকতে না বসে,
সমুদ্রের উত্তাল ঢেউর তাল কাটিয়ে কাটিয়ে যায় পশ্চিমপ্রান্তে;
ঝড়ের সম্মুখে থেকে সংগ্রাম করেছে,
তারা আজ সমাজে জনগণময়ের হৃদয়ে।

বন্দনা

বন্দনা করি মাগো,
মা, ধরণী, তব চরণে
তোমার অপার করুণা
পাই যেন মা, তোমার
অপার করুণা।

পারি যেন মা দাঁড়াতে পাশে
অসহায় আত্মলোকে,
পারি যেন মা দাঁড়াতে
আত্মপীড়িত, অবিচারদের পাশে।
কি সুখ আছে? মোর নাশাতে
যদি না থাকে কেউ চার পাশে ;
পড়ে থাকিবো তব চরণতলে।

বেঁচেও বাঁচে না ওরা
আমার চারপাশে আছে যারা
থাকে সবার তলে তলে,
দাঁড়ানোর চেষ্টা করে,
খুঁড়িয়ে খুঁড়িয়ে পড়ে, বসে পড়ে।

জানিনা আমি কি অভাবে?
আজও কর্ম করি সর্বদিকে,
মাঠে ঘাটে বাটে কলকারখানায়
বুঝিনি শিক্ষা দিক্ষা কি?
পায়না সুযোগ সুশিক্ষা লোকে।
মরছে, মারছে বারে বারে
উত্তরের উত্তর সূরিদের।

আমি যেন পারি মাগো
সুন্দর পথ দেখাতেই
ওদের ভরে উঠুক বুকের ভাষা মনের আশা
সমাজজীব হয়ে এইটুকু আশা।

বিপন্ন সন্তান

মা, আমায় ছেড়ে গেলে কোন ঘরে?
কোন স্বার্থে? কোন লোভে? আশার তরে?
স্নেহ, মায়া, মমতা কর্তব্যের জাল ছিঁড়ে ;
ত্যাগ করলে এ কোন সমাজ বিধি মেনে?
জীবকুল রাখেতার উত্তরসূরিদের জীবন বার্তা,
ক্ষতবিক্ষত হয় সকল সম্পদ, জীবন,
সর্বাগে্র আগলে রাখে বৈশিষ্ট্য যে, গুনে।
বঞ্চনার শিকার আমি,
স্বচ্ছন্দে চলতে হোঁচট খাই,
আহার বিহার দুশ্চিন্তায় ত্যাগ নিশিদিন;
শরীর পতন স্বতঃস্ফূর্ত চলতে আত্মহননে।
পথ চলতে, স্কুল কলেজে কটুক্তি শুনতে শুনতে,
এগিয়ে যাওয়ার পথ দুর্গম,
তোমার বিহনে! তোমার বিহনে!

গুরুপথ দশ

গুরু, গুরু অনেক গুরু
এ যে আদেশ গুরু।
চলি অনেক পথ
এই যে, জীবন চলার পথ।
যেখানে যাই করি বচনভঙ্গি
হাতের কায়দায় জাদুকারীগর
নানান খেলা দেখাই,
কিছু পেতে অন্যায় ভাবে,
গাবোকা বানাই, বোকা বানাই
রাস্তায় রাস্তায়, শহরে শহরের ভিড়ে,
মোড়ে মোড়ে,গ্রামে গ্রামে।

অমনি হাজির আদেশ গুরু,
আদেশ নিয়ে,
চলি ভিন্ন পথে গুরু মেনে।
উপরি আয় পেতে,
চললাম বিভিন্ন উৎসবে
ডাব্বা, গুটির কায়দায়
হাতের সাফাই, সাক্ষ্য
ওঠাই ফায়দ।
কোথায় ছিল আদেশ গুরু
দাঁড়িয়ে থাকে খেলার পাশে,
শুধু দেখে, দেখে দাঁড়ায়
জানি আমি এ ঘোর অন্যায়
দশের এক, আমার অনেক
গুটাই তখন ঝান্ডি মুন্ডি
বোকা বানানো খেলা, বোকা বানানো খেলা।

আত্মাথেকে সরাতে পারিনা,
পারিনা লোভ লালসা দুনম্বরী,
তবুও গেলাম অনেক দূরে
আদেশ গরুকে ফাঁকি দিয়ে;
মেলা সেজেছে অনেক রকম, হরেক রকম।

এসেছে কত মানুষ উপার্জনের তরে
পরিবারের পেঠের দায়ে।
ভিড়, কত আসা-যাওয়া।
পাতিলাম আসর মেলার প্রান্তে
চক্র খেলা, চাকা ঘুরিয়ে ভাগ্যে ফেলা
খেলা বেশ জমে উঠেছে,
যেই মুঠো মুঠো পাচ্ছি সবই
আদেশ গরুর রব যে উঠে
তুমি ভায়া বেশ বুদ্ধি খাটাও
শিক্ষা দীক্ষাতে এইভাবে বুদ্ধি খাটাও
উপার্জন কর জীবন বাঁচাও।

পরীক্ষার ফল

সব ফল ফলে গাছে গাছে
সুপ্ত থাকে সবই সৃষ্টি গুনে।
শিরউঁচু করে নয়ন তুলি আকাশে,
তৃণ, গুল্ম, বৃক্ষরচে, ভূমে মালভূমিতে অরণ্য।

এ ফল-ফলে মগজের বলে
বিফলে যায় চলে নিজগুনে,
যদি পায় তায় মহোকীটহাতরায়।

পাকা ফল সুস্বাদু সবার মুখে মুখে,
মানুষ্য ফল জশের বড়ধন,
কতত্যাগে কত প্রাতে কতরাতে একাগ্রতায়
আসে সে ফল কত ব্যয়ে।

আশা নিয়ে যাও চলে আগেভাগে
মনে রেখো বুকে বল পথকর মসৃণ,
হবে জয়, হবে জয় জানিবে নিশ্চয়।

তাকিয়ে থাকিবে তোমার পরিবার
তাকিয়ে থাকবেনা তো তোমার ভবিষ্যৎ।
অনুসরণ কর তোমার গুনো প্রদাঙ্ক
জয় হোক জয় হোক প্রমুখকীর্তি
আশীর্বাদ গুনে পূর্ণ হবে সুমতি।

পরশ মানব

পাথর নয়, জাদুকরি নয়, এই যে পরশ মানব,
যাদের দান মানব প্রেম গড়ে গুণের স্বর্গধাম,
তাদের কর্মগুণে জাগে মাতৃভূমি ;
উচ্চাসনে বসে, সবার আহ্বনে
বিপদ নাহি আসে, বিপন্ন না হয় কর্মে কর্মে,
সভ্যতা সংস্কৃতি বাড়ে দিনে দিনে,
পরশ মানব বৃদ্ধিহয় মাতৃভূমি সমৃদ্ধা।

জন নমঃ নমঃ

জনগণ ধায় মহামায়াদেবীর পায়,
পেতে আশীর্বাদ উজ্জ্বল সংসার রচিতে।
বহু সংগ্রাম, সাধনা ত্যাগ, যুদ্ধ জনচিত্ত বৃত্তে।

গড়ে মৃন্ময়ী রূপে বহু ব্যয় একে একে,
অন্যায় সমাজ দর্পণ প্রতিচ্ছবি ভিন্ন ভিন্ন উপস্থাপনায়।
কৃষক কুমোর কামার ছুতোর মৃৎশিল্পী,
করুণাময়ীর করুনা নিতে করে নমঃ নমঃ নমঃ।

উমাদেবীর আশীর্বাদ

ঋতু বৈচিত্র্য শারদ আকাশ সমাজে,
পুঞ্জিত পুঞ্জিত শুভ্র মেঘমালার সজ্জায়,
মাঠে মাঠে সারি সারি কাশফুল, ঢাকির সমাহারে;
উমাদেবীর আগমন আরাধ্য জনগণের আশীর্বাদীতে।

যতদিন যায় দেবীর আশীর্বাদ তত পায়,
ধরাতলে কর্মচারী, শ্রমিক, ঠিকাদার,
ঢাকি, ব্রাহ্মণ,দিনে দোকান শব্দ সঞ্চালক আরো
প্যান্ডেল করে ছয় মাস কত রকমের সজ্জায়
মালী, দর্জি, কাঠুরিয়া পায় কত টাকা
সপরিবার থাকে উপার্জনের আনন্দে।

তারাও করে ঘরবাড়ি কেনাকাটা রকমারি সাজে,
কর্মচারী দপ্তরি অফিসার বোনাস পেয়ে,
কেনাকাটার ভিড়ে যায় মজা করে একে অপরে।

মৃৎশিল্পী নিপুন ভাবে তৈরি করে দেবী মায়ের,
সুন্দর না হলে টাকা নেবে কেটে,
বেশি আয়ের নেশায় খাটে দিন রাত।

ব্যবসায়ী দোকানপাট বণিক সম্প্রদায়
অধিকআয় পায় মৃন্ময়ী আবির্ভাবে,
সুসজ্জিত হয় নকশা আঁকা ;
আপন বাটে পরিপাট করে।

বিজ্ঞাপনে চমক রাখে যত্রতত্রে
বিক্রয় বৃদ্ধি সপরিচয় প্রকাশ,
কৃষি, পুষ্প, মৎস্য সকল উৎপাদক আশাগুণে;

মায়ের আশীর্বাদ মাথায় পেতে।

বাকি ও থাকেনা কামার, কুমোর, ধীবর
বিক্রয় বাড়ে সারে, পরিবারে আনন্দের জোয়ার
আসে সবার ঘরে ঘরে।
পুণ্যধামে তাঁরই সৃষ্টি সন্তানের আশীর্বাদ দিতে।

পুজোয় মজা

আগমনী দ্বারে দ্বারে মহামারুপে জগত জননী,
মঙ্গল শঙ্খ বাজে ঘরে ঘরে।
মহামায়া রূপে জগৎজ্জননী সবার হৃদয়ে,
সাড়া দেয় মনে প্রাণে দেহে আকাঙ্ক্ষিত বছরে বছরে,
সাড়া পড়ে যায়, মোড়ের দোকানে বাজারে শহরে শহরে।
ছোট-বড়ো আবাল্য বৃদ্ধ বৃদ্ধার কেনাকাটার ভিড়ে,
জমে যায় মন, মাতাতে একে অপরের;ঔ
সামর্থ্য অনুযায়ী কেনাকাটা ভিড় প্রীতির বন্ধনে;
খাওয়া দাওয়া সারে রেস্টুরেন্টে।

জমবে ভালো ঘর ও বাহিরে রকমারি খাওয়াতে
ঘর সাজায় মনের মতন পরিষ্কার-পরিচ্ছন্নতায়,
নতুন নতুন দোকান ব্যবসা বাণিজ্যে
সাড়া পড়ে যায় রকমারি বিজ্ঞাপনে;
মেতে উঠে সবাই রেডিও দূরদর্শনে মোবাইলে
সূচনা হয় মহালয়ের আগমনে।

পাড়ায় পাড়ায় ঘরে ঘরে বসে সবাই
রাস্তায় দোকানে স্কুল-কলেজে যাও,
দেশে দশে সব তরঙ্গে পূজা পুজা রব
কাজের নিশানায় যে যেথায় থাকুক
পুজোর গন্ধে মাতে পরিবারের সঙ্গে।

জমে ওঠে মজার রেসে যাওয়ার ধুম
রকমারি সজ্জায় দেবীমার সংসার,
দেখে অগণিত ভক্তের ভিড়।
সাজে বিভিন্ন ধরনের রংবেরঙের পোশাকে
আরো সুন্দর হয়ে উঠে আলোয় অলংকার,

মাতে আলোর রোশনায় বিচিত্র প্যান্ডেলে,
ব্রতী হয় অষ্টমীর দিনে সংসার, মন্দিরে,
মঙ্গল আনিতে উপোস করে আরতিতে।

পশু,পাখি মাছ মেরে রকমারি খাবারে মজে
সবুজকে বিদায় দিয়ে রকমারি মিষ্টি লুচিতে উদার ভরে।
দশমীতে বিসর্জন মায়ের সংসার নিরঞ্জন
নানা রঙের আবিরে পটকা বাজি ফাটিয়ে,
ধুনুচি কাঁসর ঘন্টা ঢাক ঢোল বাজিয়ে
প্রতিমা ভাসায় আশীষ মাগে বারবার আগমনীর সুর বাজে।

মা যে মা

মা, মা, উচ্চারণে সব মায়ের,
হৃদয় গলে সবার আগে
মা, ডাকে জেনে ফেলে
শতজনের ভিড়ের মাঝে।

আঘাত আসলে পরে
বাজে মায়ের বুকের মাঝে,
অসুখ হলেই সবার আগে
দুঃখ কষ্টে ডাক্তার ডাকে।

শিয়রে থেকে বিধাতা কে ডাকে
কেউ আঘাত অনলে,
হৃদয় মাঝে, মায়ের হৃদয়ে বাজে মায়ের
দৌড়ে যায় যে প্রতিরোধ করতে।

দুর্দশার কবলে পড়লে উদ্ধার করে
রক্ত, অঙ্গের বিনিময়ে বাঁচিয়ে তুলে,
ছেলের গৌরবে মায়ের হৃদয় ভরে
সব দেশের স্নেহময়ী মা, যে মাই।

মাঝি

নদীর তীরে বসত তোমার
আলো বাতাস জোয়ার, ভাটা, বান
এক পলকে জানসবই
হাল ধরো শক্ত হাতে তাই।

সদাই থাক নৌকাতেই
পার কর সকাল হতে সন্ধ্যে,
এপার ওপার ভিন্ন যত কর্মরত
সুখে দুঃখে, অসুখে বিসুখে বাঁচাতে।

ঘুম নেই যথা রীতি
পার করো রাতেরও যাত্রী
দায়িত্ব নাওযে,
এপার ওপার পার করাতে।

পার করো নাকো ঘরের বরাত
পার করো না তো কোনদিনও,
ঘরে থাকা একলা পত্নী!
কেবলই তাকাই তোমার প্রাণে।

বৃষ্টি তুমি সৃষ্টি

বৃষ্টি তুমি বৃষ্টি
দৃষ্টি দিয়ে দেখি,
মনের গভীরে বুঝি
খোলা জানালা দিয়ে,
বাটের ধারে, পুকুরে, মাঠে
ছন্দে থাকো টাপুর টুপুর
রিমঝিম, গুঁড়ি গুঁড়িতে।

হৃদয় নাচে প্রতি ক্ষণে ক্ষণে
কিছু বলতে কিছু করতে উদার মনে,
দেয়নি ধরা পাইনি সখা
মনের লুকোচুরিতে;
ছুটে যেতে চায়
বৃষ্টির ধারায়,
মেঘের ঘনঘটা বাড়ে।

আলোক্ষীণ হয়
মনের আবেগ বাড়ে বয়সন্ধীক্ষণে।

যতভাবনাগুলো, স্বপ্নগুলো উজাড় করি,
বৃষ্টির দোহায় বৃষ্টির দোহায়।
বৃষ্টি তুমি বৃষ্টি তোমায়,
কেমন করে বাঁধবো তোমায়, রাখবো হৃদয়ে।
প্রকৃতির নিয়মে চলো
চলো তুমি মেঘের ভেলায়,
বৃষ্টি তুমি বৃষ্টি
তুমি শুধুই হৃদয় সৃষ্টি।

জন্মভূমি স্বপ্ন পুরী

জন্মভূমি তুমি স্বপ্নপুরী
আমার হৃদয়ের অন্তঃপুরে,
তোমায় ছেড়ে যাব কোন ভূমে?
কোন অচিনপুরে? লোকে যে বলে।

তুমি অনন্যা, তুমি অদ্বিতীয়া, তুমি অপরূপা,
সৃষ্টি তোমার মহান মানব মানবী, হৃদয় মাঝে
থাকিতে পারি যেন চিরদিন;
জানি চিরন্তন নও, তবু আশা।

বাস্তুতন্ত্রে থাকা পশুশালা
হাতছানি দেয় তাদের মাঝে, মাঝেতে থাকতে
সবুজে সবুজ ভূমিময় বিশ্ব অরণ্য ঘেরা,
বাঁচাতে অংশীদার হিসাবে।

পর্বতের ওই ঝর্ণা ঝরায়
চঞ্চল মন চঞ্চলা গড়াই,
কিছু করতে থাকায়।
নীল আকাশের নিচে মুক্ত ভাবে থাকা,
গ্রহ নক্ষত্রপুঞ্জয় স্থির বিরাজ
কোনমতে যাইনি ছেড়ে যেতে,
তোমার ইমারত গড়তে।

যত প্রয়োজনীয় শিল্পকর্মকান্ড
স্বর্গ মর্ত্য পাতাল,
প্রাসাদময় নগরী
সেজেছে তিলোত্তমার উর্বশী,
হৃদয়ে নাচে পুণ্যভূমি
বেঁচে থাকতে বেঁচে থাকতে।

নির্দয়

কোন একদিন যাবোই চলে,
এ কর্মশীল জনসমাজ থেকে,
পড়ে থাকবে রত্নকর্ম, মর্মরিত ঘটনা চারিদিকে,
জল্পনা কল্পনা ভাবাবেগ মর্মান্তিক কীর্তি।

কোথায় যায় মনুষ্যত্ববোধ? সংবেদনশীল সমবেথি হৃদয়।
দয়া মায়া কর্তব্য জীবদের,
বনে, জনে, মনে, পথে ঘরে ঘরে ঘটনা
নির্বিচার, জঘন্য, ঘৃণিত, নৃশংস হৃদয়বিদারক বিশ্লেষিত শিরোনাম,
আলোচিত বর্বরচিত পশুর প্রাণীর নারী শিশুপর।

শুনেছি দিগন্তে দিগন্তে নারী নির্যাতিত লুণ্ঠিত,
দেখেছি পত্র চিত্রে পশুপাখি হত্যা বর্বর আচরণ করতে,
পেটের দায়ে জীব মাত্রই ছুটে মরে!
ক্ষুধার জ্বালায় ন্যায় নীতি বোধ ক্রোধ হারায় হেলায়।

শ্রেষ্ঠ মানুষ তুমি শ্রেষ্ঠ জীব বলে আমাদের মারো,
মনুষ্যত্ববোধ বিবেকহীন হলে আমরাই শ্রেয়
বিশ্বক্ষেত্রে চারণ ভূমি উদ্ভিদ জগত অধিকার
তোমার আমার সবার যার যেমন প্রাপ্য।
আমরা নারী আমাদের পরস্পরপর সমাজতন্ত্রে পূজিত।

বিপন্ন করো না বাস্তু তন্ত্রে নির্ভর
দাওগো হৃদয়, দাও গো ভক্তি, অধিকার দাও
বাঁচবো মোরা পরস্মর বেঁচে বাঁচিয়ে মেঝেতে মাঝে,
নিষ্ঠুরতা ভুলে হও দয়ার্ত
বিপন্ন করো না বাস্তুতন্ত্রে
তারা নারী আমরা পশু সমজাত পুজিত।

দুয়ে দুয়ে বিশ্ব সৃষ্টি

দুয়ে দুয়ে ধর্মগুনে মিলে বিশ্ব সৃষ্টিতে পরিপূর্ণ,
বিপরীত ধর্ম ছাড়া হয় না কোন সৃষ্টি,
ডিজিটাল পৃথিবী ধনাত্মক ও ঋণাত্মক
মিলেমিশে একাকার হয়ে গতি সম্পন্ন।

যে মানব যন্ত্র মাথার ঊর্ধ্বে ছাড়ে
ক্রিয়া বিপরীত প্রতিক্রিয়ায় অধে ঢেলে উর্ধ্বে উঠে।
যারা করে বিশ্ববৈচিত্র্য
তারাও সৃষ্টি মানব মানবীতে।
অরণ্য শোভা পশুপাখিতে
হয় হিজিবিজি স্ত্রীলিঙ্গ পুংলিঙ্গ জাতিতে।
বিশ্ব দুনিয়ায় সবুজের দৃশ্য,
পরাগ সংযোগে গর্ভকেশর পুংকেশর,
যা কিছু দেখি চোখ দিয়ে
এও যে নয় ভিন্ন এক।

জলচর প্রাণী হয় না কভু সৃষ্টি
জল থাকলেও ভরা বৃষ্টিতে,
ওদের ক্ষেত্রে প্রযোজ্য সম স্ত্রী, পুং লিঙ্গ দুই ধর্ম ক্রিয়াকলাপ।
অনুতে থাকে ইলেকট্রন প্রোটন
নয় ভিন্ন বিশ্বে,
সব যে সৃষ্টি, দুয়ে দুয়ে এর সংযুক্তিতে।

অপরিচিতার সন্ধান

চাঁদ তুমি জেগে থাকো
তুমি যেমন থাকো একা,
কেউ নেই আছে শুধু বাঁকা বক্রের বুড়ি মা।
চিরন্তন অবিরত ঘিরে থাকো
একাংশ আলো পেতে!
আমি পেতে চাই অপরিচিতার পরিচয়।

যার পরশে পাবো জীবন শক্তি
পথ দেখাবে সত্যের ধারা
মুখে দেবে অমৃত ভাষা,
হৃদয়ে দেবে নদীর স্রোত
প্রাণে দেবে মালা আকাশের মুক্ত বাতাস,
ঘুরে ঘুরে তোমার মাতো আলো পাব।

বাড়বে উজ্জ্বলতা হব বিকাশ
রাতের আহ্বানে দেবে না কেউ বাধা,
পথ হবে পরিষ্কার অপকর্ম জঞ্জাল মুক্ত
কর্মের আলো চাঁদের মত স্নিগ্ধ
ধীরে ধীরে প্রাপ্তির পরশ রসায়নে
পূর্ণিমার ন্যায় উজ্জ্বল প্রকাশ।

আমায় মানুষ হতে দাও গো

আমায় মানুষ হতে দাও গো মা
দাওগো মা, মানুষ হতে।
আমি যে তোমারি!
তোমার সম্পদ কিছু হলেও,
তোমার বুকের উপর ঘরবাড়ি
সেথায় বসত আমার
হাসি খেলি পড়ি গো।

দাওগো মুক্ত বাতাস
পারিযেন প্রশ্বাস নিতে,
তোমার আলো তোমার বাতাস রসদ
পাই যেন মা তোমার করুণা দয়াময়।
যাদের দিলেনা, পেল না, অবিচার-অবিচার
তারা বেশি করে মরে কুখ্যাত,
দেয় তো কিছু তো বটে!
ওদের নিয়ে বাঁচতে চাই ফিরাতে।
আমায় তুমি দাও গো মনোবল সাহস,
ন্যায়ের প্রতিষ্ঠা অন্যায়ের প্রতিবাদ করতে।

যেজন স্বার্থান্ধে থাকে তারই সম্পদ সংস্কৃতি,
রত্নাকর গভীর সমুদ্র, সমুদ্রে
ডুবছে তারি রত্নাকরদের;
ঘোর নেশাঘরে, নেশাঘরে।
তুলে বাঁচতে, দাও গো বাঁচতে,
আমায় তুমি দাওগো মহৎ কর্ম গুণ, মহৎ শিক্ষা,
যারা হলো দেশ বরেণ্য সুগম্য চলার পথিক,
ক্ষীণ প্রদাঙ্ক অনুসরণ করতে দাও গো, করতে।

ক্ষীণ আশাটুকু দাওগো কঠিন অধ্যাবসায়ে;
পারিযেন তোমার সমাজ মঙ্গলে নব সারিতে
বিশ্বমেলায় অস্তিত্ব জহির করতে
দাও গো আশীর্বাদ মানুষ হতে, মানুষ।

পাহারায় চাঁদ

তুমি আমি বসে আছি,
বোরো ধান উঠে যাওয়া খোলা মাঠের ধারে,
বৃষ্টি না ঘটানো কালবৈশাখীর শীতল বাতাস
বুলিয়ে দিয়ে যায় উতলা মনের দেহ প্রাণে।

প্রানের শিহরণ ঘটিয়েছে
সবার ঘরে ঘরে,
কেউ নেই আশেপাশে
ক্লান্ত কর্ম অবসন্ন শরীরে;
নিদ্রা গিয়েছে আজ তাড়াতাড়ি সবাই।

শান্তকালীন পূর্ব দিগন্তে গাছের আড়ালে
শুধু জেগে রয়েছে গাঁওগুলো পাহারা দিতে,
আর সবার প্রিয় জ্যোৎস্না ভরা ওই চাঁদ
সবার অলক্ষ্যে আমরা ছিলাম ওর লক্ষ্যে।

কথা শোনা কথা বলা আর কথা বলা!
চাঁদ উঠুক মাথার উপর
ডাকুক শিয়ালের দল,
আমাদের পর্বে পর্বে থাকুক জেগে,
ঘরে না ফেরার পালা,
চাঁদ আছে আমাদের সাথে;
আমরাও জেগে রবো
চাঁদের সাথে সাথে।

ভোরের ভাবনা

ভোরের বিছানার মাঝে
বালিকা শুয়ে শুয়ে মাঝে মাঝে চায়,
কখন ডাকিবে পাখিরা? গাছের শাখাশাখি ভরিয়া!
গগন ভরিয়া গগন ভরিয়া সুরবিলাইয়া।

আমি যাইব সকালে
প্রস্ফুটিতফুলের বাগানে ফুলের বাগানে।
মুঠো মুঠো ফুল গুড়াইবো,লইব তুলিয়া,
ভোরের ফুল খাঁচা ভরিয়া, ফুল, খাঁচা ভরিয়া;
গাঁথিব মালা গাঁথিব মালা, কোলে লইয়া মায়ের সাথে।

গলায় পরিয়া পরাইব সখিদের
খেলিব আনন্দ ভরিয়া আনন্দ ভরিয়া।
কখন যে হইবে সকাল?
চোখ চাহিয়া আবার বুঝাইয়া
পাস ফিরিয়া ফিরিয়া,
ভাবিতে ভাবিতে গেল ঘুম ধরিয়া।

মনের মানুষ পেলাম না

পথে পথে ঘুরি
এ পথে, সে পথে, ঐ পথে
নাই পাই দেখা শুধু খুঁজে খুঁজে মরি!
গলিপথ, বাঁকা পথ, সড়ক পথ
পদের চিহ্ন নেই একটুকু কোথাও?
কোথায় গেলে তুমি? কোন অজানা দেশে?
দোকান বাটে, রেস্টুরেন্টে পড়ে নাকো
একটুকু তোমার ছায়া,
মেলাঘাটে আসর মঞ্চে
চতুর্দিক চেয়ে ফাঁড়ি
কোনো মূর্তির নেইকো ছবি
শুধু আমি খুঁজি।

সবার প্রিয় চাঁদ

চাঁদের নিচে মোদের বাস
সবাই হলাম চাঁদের দাস,
সবাই মানে ওকে নিয়ে
করছি চাঁদের রূপের দেশ।

চাঁদ মামা বলে বলে,
শিশু ঘুমায় চাঁদের দেশে,
শিশু কোলে মায়ের হাসি
চাঁদকে নিয়ে পরিপাটি।

দেয় যে সে শুয়ে
খোলা বারান্দায়
পাহারায় চাঁদ।
শিশুর খিলখিল হাসি
চাঁদ মামায় মজে সুরে সুরে,
শুধু সরে শুভ্র মেঘের সারি।

চাঁদ পাগল শিশুর হাসি
ইহার নেইকো কোন বাসি
যত যাবে দিনরাত্রি,
আসবে যারা ভাবিশিশু,
চাঁদকে নিয়ে মায়ের ভাবনা
শিশু মায়ের থাকবে চিরদিন।

আমি ভালবাসি

আমি ভালবাসি তারে
যে জন শুধু ভালবাসেআমারে,
যেমন ভালবাসে মৌমাছি ফুলকে
মেঘ ভালোভাসে আকাশের বুকে ভাসতে
আমি ভালোবাসি প্রিয়জনদের।

যারা আমায়গড়ে মানুষ হতে,
নদী যেমন যায় চলে সমুদ্রস্রোতে,
ধর্ম তার গড়ে গড়ে যেতে,
আমিও ভালবাসি যে জন গড়ে নিজেকে
তাঁরি ছোঁয়ায় যে যেতে চাই নিজেকে।

ভালরভেলায় ভাসতে ভাসতে দিবানিশি
ভালবাসিব তাঁরে যে জন আসিবে বিপদে।
অগ্রগামী ডাক দেয় অন্যায়ের প্রতিবাদ
আত্ম নিবেদন করে দেশের স্বার্থে।
আরো বাসিব যে জন নিজে বিরত থেকে
নেশা মুক্ত দেশের স্বপ্ন দেখে
পরের তরে, পরের তরে, পরের তরে।

সেও ভালবাসা পাবে আমার কাছ থেকে,য
কাটিবে না নির্বিচারে সবুজময় জীবনদাত্রীকে।
রোচীয়া অরণ্য দেবে পশুদের বাসস্থান,
দেবে ও গৃহস্তে ঠাঁই, গৃহস্থের পোষা প্রাণী।
পরম ভালবাসা পায় আদর্শ পিতা মাতা
সকাল বিপন্ন মুক্তিতে গড়েস্বর্গ ধাম।

রাখী ঘোষের প্রতি

দাও দৃষ্টি সৃষ্টিতে
দাও তুমি দৃষ্টি সৃষ্টিতে
মধুরত্ব আছে তাতে,
সময়ে সুন্দর বৃষ্টি না এলে
কৃষকের সুন্দর ফসল নাহি ফলে।

মানবিক মানবী তুমি সৃষ্টির পৃথিবীতে
সৃষ্ট জীবের বৈশিষ্ট্য বৃদ্ধির গতিতে,
সময় কেন্দ্রিক হৃদয় জমিতে বীজবপনেতে,
যে সন্তান-সন্ততি ফসল উঠবে সংসার গোলাঘরে সেও বীজ!
আর যা কিছু আছে পার্থিব বস্তু
সকলেই হিজিবিজি দোস্ত।

বহু পার্থিব বস্তুর কারিগর তুমি
অর্থের বিনিময়ে প্রয়াস
যে আত্মা সৃষ্টি প্রকৃতির সম্পদ
সুন্দর করে পৃথিবীকে,
আভিজাত্যের সুন্দর চাওয়া পাওয়া বড়াই,e গোড়াইতে আসলটিতে
নিপ্রয়াস।

বৃষ্টি

তীব্র দহনে তৃষিত বক্ষে
যদি আসে বৃষ্টি সম্মুখে,
সে তো দেয় প্রাণে শীতল সঞ্জীবন
থাকেনা আর হাঁসফাঁস উষ্ণতার আস্ফালন।

ধুলোময় পথ লাগে না চোখে মুখে প্রশ্বাসে
গাড়ি বাড়ির কার্বন গুলো লিপ্ত হয় মাটিতে আকাশ হতে।
নোংরা আবর্জনার দুর্গন্ধ নিয়ে যায় রাস্তা হতে নালা,খাল, নদ নদীর
স্রোতপথে।

রাতের আঁধারে যদি ঝিরিঝিরি বৃষ্টি নেমে আসে
মন-উন্মুখ হয় কিছুটা সময় চঞ্চল হৃদয়ে ভিজতে,
জোনাকিরা ঘুমিয়ে পড়ে নিষ্প্রভ হয়ে পাতাতে,
মত্ত দাদুরি পুকুরে জলাশয়ে খালে মাঠে মাঠে ডাকে আনন্দচিত্তে।

বহুপতীক্ষার অবসান ঘটিয়ে চাষী ক্ষেতে পায় যদিবৃষ্টি জল,
তাই না দেখ তাদের কি আনন্দ সেই জানে মন,
ক্ষীণ জলাশয়ে মীনগুলো ছিল হীন হয়ে সরোবরে,
বৃষ্টির জল পেয়ে ব্যাটা নড়ে চড়ে চলে উজানে।

আমাদের হবে জয়

আমাদের হবে জয় আমাদের হবে জয়
মনে প্রাণে দেহ জ্ঞানে অন্তর আত্মায়,
সাথে আছে শিক্ষা দীক্ষা একনিষ্ঠ মনোবল। আছে সংগ্রাম আছে একাত্ম
সাধনা;
জনগণ মুখরণে বাজিবে মঙ্গল শঙ্খ
আমাদের হবে জয় আমাদের হবে জয়।

মনে আছে শক্তি মনে আছে ভক্তি
শুদ্ধ চিত্তে একাগ্র বৃত্তে,
ধরিতারে শরহয়ে সত্যের পথে
পিছু হটবোনা, তাকাবো না পিছনে
মায়া বন্ধন ছিন্নকরি সর্বাগ্রে
জগৎজনে জন কল্যাণে
আমাদের হবে জয়। আমাদের হবে জয়।

লড়বো আমরা ভাঙব অন্যায়
কী পাবো? কী হবে? কভু, ভাবিনা না মনে মনে
এগিয়ে যাব লক্ষ্যের পথ ধরে
দেখিয়েছে যারা অগ্রগামীরা
তাদের হবে জয় তাদের হবে জয়।

কন্টাকৃত মহা পথ, মহাপথ
অলিগলি পথ মিলে,
চড়াই উতরাই বন্ধুর ভুলি নিত্য
অঙ্কুরিত বীজ দেয় না কভু ফুল,
পরিচর্যায় পরিচর্যায় আছে তাদের গো বছর!
আমাদের হবে জয় আমাদের হবে জয়।

সাজানো ব্যালকনি

আজোও সেই রয়ে আছে
সুন্দরসাজানো ব্যালকনিটা,
সুন্দর সাজানো বাগানের গাছের পাশে
থাকা কলকাকলি পাখির ডাকে, গাড়ির শব্দের সাথে সাথে;
জেগে উঠে নির্মল হোতাম নির্মল প্রভাতে।

আজও সেই রয়ে আছে
পাইচারি করা সাজানো বেলকনিটা,
মা আসিয়া দু একটি কথা শুনাইয়া
এলোমেলো চেয়ার টেবিল সাজাইয়া
ঝাঁট দিয়া চলিয়া যাইতেন।

আজও সেই রয়ে আছে
পড়ার সাজানো ব্যালকনিটা,
শীতের সকালে তৃপ্ত রোদে পড়াশোনা ছবি আঁকার,
মধুর মায়ের দেওয়া খেজুর গুড়ের রুটি পিঠা পেট ভরে খাওয়া।

আজও সেই রয়ে আছে
শুক্রবারের পড়া সিনেএডভান্স সঙ্গী সাথীদের নিয়ে কৌতুকের
ব্যালকনিটা,
পেপার ওয়ালা রাস্তা থেকে ছুঁড়ে ফেলে দিত কাগজ খানা
পড়ার ফাঁকে ফাঁকে দেখিতাম আমরা
সামনে নিচে রাস্তা দিয়ে নুপূরের শব্দে ঠেলাগাড়ি যাত্রীলইয়া যাইত।

আজও সেই রয়ে আছে
কৌতুক স্মৃতিগুলো ভাসে সুন্দর ব্যালকনিটায়,
গ্রীষ্মেরদুপুরে আম গাছের ছায়ায় বসতাম, আমরা আমের আঁচার নিয়ে,
কম-বেশি হলেই বচসা ঝগড়া লাগিত বন্ধু ও বোনদের নিয়ে,

বচসা ঝগড়া থামাইতে মা আসিত রান্না ছেড়ে।

আজও সেই রয়ে আছে
রোদ্র আলো বৃষ্টির দৃশ্য রোমাঞ্চ ব্যালকনিটা,
শরতের আকাশে এক পশলা বৃষ্টি হয়েছিল চাকলি মেঘে,
বিপরীত দিক থেকে আসা সূর্যের কিরণ।

আজও সেই রয়ে আছে
পূর্ণিমার দিনে পুলকিত যামিনী ব্যালকনিটা,
গ্রীষ্মের জ্যোৎস্না রাতে আম জাম কাঁঠাল পেয়ারা গাছে,
এসেছিল ফলের গন্ধে বাদুড়, ভাম, বসেছিল হনুমান দিনের আহার খেয়ে গাছে,
ঘুম না ধরায় মাঝ রাতে বসে থাকা চেয়ারে
আচমকা পশুপাখির ঝড় ঝাপটা শুনে উল্টে গিয়েছিলাম চেয়ার সমেত।

আজো ও সেই রয়ে আছে
শেষ বেলায় বিদায়ী বেলকনিটা,
স্মৃতিগুলো ভেবে ভেবে বয়সের ভারে,
সংসার পরিজন ছেড়ে যমরাজ নিল আমায় কোলে তুলে।

একুশে ফেব্রুয়ারি

স্মরণ করি, বরণ করিব মরণঅব্দি
এ মন করে আত্মসমর্প পূর্বপরদিন,
পুঞ্জিত ভাষা হৃদয়াবেগ বিস্ফোরিত একুশে ফেব্রুয়ারি।
অঙ্কুরিত সুপ্তবটবীজ শেকড় টানে উপাদান
অস্তিত্ব বিস্তারিতে মেদিনীগর্ভে, উপরে,
তার স্নিগ্ধ ছায়াছত্র একুশে ফেব্রুয়ারি ;
বিশ্ব ব্যাপিয়া বিদীর্ণ করে মাতৃভাষা স্বরূপ।
শহীদের রক্ত বিশ্বে জাগ্রত,
বুঝিল মর্মসত্য মাতৃভাষা
তাদের মৃত্যু এদের মধ্যে জীবন্ত।

সমর্পণ

আয়রে ছুটে আয়, আয় ছুটে আয়, আয় আয়
যে যেমন, সে তেমন ভাবে আয়।
কর নিবেদন মন, লোভ লালসা ধন ত্যাগ;
করনিবারণ, করনিবারণ।

মায়েরপ্রতি কর ধ্যান জপ তপ,
কর আত্মসমর্পণ কর আত্মসমর্পণ।
মায়ের প্রতি শ্রদ্ধা ভালবাসা ভক্তি
থাকে যদি সে জন হয় যে সর্বে গর্বময়।

মায়ের স্নেহ, মায়ের মমতা, ছত্রছায়ায়
বাড়বে তুমি রত্ন মানিক হয়ে।
ও চাষী ভাই তোমার কর্মে ভূমিকর্ষাও,
আপন মনে আপন জ্ঞানে ভালবাসবে তাঁরে
সোনার ফসল উঠবে ঘরে ঘরে।

ও শ্রমিক ভাই, কর্মচারী ঘর্ম ঝরাও কাজে,
যেমন ছিলে পূর্বে, করেছো, পরে পরে
মন দিলে মন কষ্ট যাবে ভুলে।

ও কামার কুমোর সাজাও মাতৃকুল
দেখবে তুমি সংস্কৃতি ঘিরে,
মিস্ত্রি ছুতোর বানাও বাড়ি একে একে
তোমার ধ্যানের দানে গড়বে প্রাসাদ বাড়ি।

ও জেলের দল জলে দিলে মন
যত্ন করলে রত্ন পাবে খালে ঝিলে বিলে পুকুরে।

আকাশ রানী

ঘুড়ি উড়ে তিথি মেনে
সব সময় তো আর যায়না দেখা,
নিয়ম মেনে দেখা মেলে আকাশেতে
তুমি আনন্দ দাও খোকা খুকির
তোমায় নিয়ে মজা করে, একে অপরে।

বাতাসের দাস তুমি সহায়
কষ্ট দাও নিরানন্দের প্রতীক,
আকাশে থাকে অনেক অকল্পনীয়
মেঘ, পাখি, শুধু কি গ্রহ নক্ষত্র আরও কত কি?

ওদের মনে সবার সেরা রানী তুমি
আবদ্ধ থাকো তুমি নিয়ন্ত্রিত,
লাটাই থাকে ওদের হাতে
এরাও রাজা, বাঁধা থাকে নিয়মে।

আকাশের বুকে ভাসো সাজায় অলংকারী
তাইতো তুমি ওদের গড়াe রানী।

চেয়ার

সম্মানিত চেয়ার রাখে যে গৌরবে মহান
ইহা যে শিক্ষা বিদ্যাবুদ্ধির দান,
কর্মগুন চিরকাল কলম যে মূলে
নিয়ন্ত্রিত মগজ সুকর্ম সংস্কৃতি জাগে।

চেয়ার যে রয়ে যায় যুগ যুগ ধরে
অলঙ্কৃত করতে আসে যে চক্রাকার ঘুরে ঘুরে,
যে জন অপসংস্কৃতি কুকর্মে ডুবে, পরে পরে
সম্মানিতরাই চেয়ার হতে পদস্খলন করে ধরে ধরে।

সারমেয়

সারমেয় কয় তারে
যে এসেছে আদি যুগ যুগ ধরে,
প্রভু ভক্তিতে, রক্ষার্থে, পাহারা দেয় দ্বারে দ্বারে,
যত মার পিটি বক, দূর করে দাও ডাং ধরে ;
তবুও সে আসিবে আপন করে নেবে আপনাকে, দেবে বরে।

আনাচে-কানাচে পথে-ঘাটে শহরে নগরে অলিতে গলিতে দুয়ারে দুয়ারে,
মুখ বাড়ায় ফেল ফেল করে তাকায় বহুক্ষণ ধরে,
কখন সে পাবে? এক মুঠো উচ্ছিষ্ট খাবার অনাদরে।

তাই দেখে তায় জিভ দিয়ে খায়
ন্যাজ নেড়েচেড়ে,
কখনো কখনো সে সেইটুকুর একটু নিয়ে যায়
অম্লান বদনে ছানাগুলোর তরে নিজ ডেরায়।

যত্রতত্রে দেখেছি কত নির্দয় নিষ্ঠুর বালকেরা ছুঁড়িছে ইঁট পাটকেল,
ডাংগের আঘাতে ভেঙেছে তারা ঠ্যাং,
সামাজিক চতুষ্পদেরা কেঁউ কেঁউ করে খোঁড়াতে খোঁড়াতে ছুটে পালায ;
দূরে গিয়ে তাকায় যে ভেঙেছে তার ঠ্যাং।

শুনেছি কত দেখেছি কত অমানবিক ওর চেয়ে অধম মানুষেরা,
বিষ দিয়ে মেরেছে কত ছানা মা রে,
নালিশ জানিয়েছে কত সমাজ দরবারে
পাইনি তার সুবিচার মানবিক মূল্যবোধ গণ অভ্যুত্থান।

সেজে আমাদের ঝাড়ুদার বটেও,
আমাদের ফেলে দেওয়া মৃত জীবজন্তু পরিষ্কার করে খুঁটে খুঁটে,
দুষ্কৃতি ধরে, চোর ডাকাতের ঘাড়ে দেশ রক্ষার কাজে,

এক সে শ্রেণীর খাদ্য ও বটে
কেন তারে ভুলে যাই বিবেক বিবেচনা হতে।

এসো যুবক-যুবতী জনগণ সব মূল্যবোধ করি,
তারই!
আদি যুগে হতে জনগণ সব বলে
সারমেয় কয় যারে।

বিসর্জন

আশার পৃথিবীপরে
কত আসিতেছে মানুষ হয়ে,
কালে অকালে কত ঘটনা যুদ্ধে!
মৃত্যু হইতেছে তাঁদের তোমাদের তরে।

রবির কিরণে সৃষ্টি যে মানব মানবি, তোমারি বিবরণে,
মৃত্যু হইলো তোমার সম্পদ গন,
ও দুর্নীতি শাসকের দল কেন?
আগলিয়া দিলে কেন?সমরে।

নাই দয়া মায়া স্নেহ প্রীতি মনুষ্যবোধ
প্রত্যক্ষ পরোক্ষ অন্যায়ে থেকে,
কত সমাজ গেছে উলটপালট হয়ে ;
কত তরুণ তরুণীর তাজা প্রাণ নিয়ে।

আপদে বিপদে বিবাদে
কুপিয়ে চালালে যাদের,
পরের গর্ত খুঁড়িলে পাছে তোমার!
পতাকা উড়িবেনা আর পত পত করে।

শূন্যতরী বাইবে কেমনে জনস্রোতজীবনে,
দিবানিশি যাদের দিতেছ বিসর্জন।

ভক্তির বার্তা

জাগো জাগো ভারত সন্তান
ভারত গর্ব ভারত সন্তান ভারত কীর্তি ভরতপুত্র,
গাইও তোমার ভারত মন্ত্র যত্রেতত্রে
তোমার অনুষ্ঠান তোমার সংস্কৃতি পূজা পার্বণ।

বলো হিন্দু বলো মুসলমান বলো বৌদ্ধ
যারা আছে তোমার সকল সম্প্রদায় চারপাশে
আমার রক্ত, আমার ভাই বোন, পিতা-মাতাৰ রক্ত "বন্দেমাতরম,
বন্দেমাতারাম " জয়, জয় ভারত।

ভক্তি কর করাও সমান এই হৃদয় অন্তর আত্মার
চলার পথ কর্ম পথ সামাজিক ধর্মীয় অনুষ্ঠানে উত্তোলন কর,
চলার পথ কর্ম পথ ;
উত্তোলন করা পতকা পত পত করুক সমীরণে।

আর হতে দেব না পূর্বের ইতিহাস সাগর পারেৰ জয়,
সম্মিলিত প্রচেষ্টায় হবে জয় হবেই জয়
হবে জয় হবে জয়,
সকলে এগিয়ে চলো, এগিয়ে চলো
বলো "বন্দেমাতরম বন্দেমাতরম"।

বাঁচবো

যেখানে যাইবো
সেখানে বলিব,
জনে জনে মনে প্রাণে;
করতে মুক্ত বাতাস, মুক্ত আকাশ
মুক্তাঙ্গন, মুক্ত প্রাঙ্গণ, মুক্ত চার পাশে।
কর বর্জন কর বর্জন বর্জন প্লাস্টিক,
সবার জঞ্জাল আবর্জনা
বাঁচার বাসযোগ্য আবাস।

রবির আলো মূল্য দেবো
জীবন বায়ু খাদ্য ভারসাম্য পেতে,
রচিয়া আরণ্যক,
পাতায় পাতায় ফুলে ফুলে
ভরিতে কানন ভরিতে কানন ;
প্লাস্টিক করবো বিসর্জন, বিসর্জন।

শালপাতায় খাবো মোরা
ঘরে ঘরে কুটির শিল্পগড়ব,
বাজার আনতে যাবো মোরা
পাটের ব্যগে আনাজ ভরা;
কৃষকের সোনালী তন্তু মূল্য দেবো।
জল বাঁচাবো জীবন গড়তে,
করছে যারা জল দূষণ
প্রতিবাদ আনবো মোরা
যখন তখন,
করবো সবাই জল সংরক্ষণ, সংরক্ষণ।

ঘরের পাশে ঘরের পাশে

নালানর্দমা আবর্জনার স্তুপ,
পরিষ্কার করে পরিষ্কার করে,
তাড়াবো তাড়াবো
ডেঙ্গু ম্যালেরিয়া প্রতিরোধে।

সকল কাজ করবো মোরা, করবো
এসো জনগণ এ সুজনগণ
শপথ করি শপথ করি,
সকল সম্প্রদায় সকল সম্প্রদায়
বাঁচবো বাঁচাবো, বাঁচাবো বাঁচাবো
এই করি দৃঢ় অঙ্গীকার করি দৃঢ় অঙ্গীকার।

নিয়ন্ত্রণ

পৃথিবীর আবর্তন, পরিক্রমণ গতি
কী নিপুন নিয়ন্ত্রণে ঘুরে,
এদিক-ওদিক যায়না একটুও সরে
কক্ষপথ হতে।

তারিপ্রভাব সঠিক পড়ে
দিন রাত্রি ঋতুচক্র হয় নাই হেরফের,
নিয়ন্ত্রণ আছে নদী জোয়ার ভাটায়
সবই যে ঘটে তিথি মেনে;
হাস বৃদ্ধি ঘটে নদী জল সমাহার
প্রতি মাসের কৃষ্ণপক্ষ শুক্লপক্ষ পঞ্জিকা মেনে চলে।

ছুটেছে রকেটআকাশের পথে পৃথিবীর রত্ন কাঁপিয়ে,
সূক্ষ্ম চুলচেরা বিশ্লেষণে
পলক ভুলে যাবে চলে, অলক্ষ্য পথে
মহাকাশ, সূর্য চন্দ্র মঙ্গল অভিযান;
পৃথিবীর কোলে হচ্ছে কী সুনিপুন নিয়ন্ত্রণে।

তোমার যে নিয়ন্ত্রণকারী শিশুকাল হতে
এসেছএই কালে খেটে খেয়ে মেতে খেটে খুঁটে
সেটাও যে হয়েছে নির্দিষ্ট নিয়মে।
শিশুকাল শৈশবকাল বাল্যকাল কৈশোর
সবই যে চলে নিয়ন্ত্রণ মেনে।
আর যে আসে যৌবন বার্ধক্য কাল,
এও যে আসেন নিয়ন্ত্রণের পিছে পিছে
নিয়ন্ত্রণ নিয়ন্ত্রণ শিশুকাল ও নিয়ন্ত্রণ,
নিয়ন্ত্রণ মেনে চলেছিল যারা,
এইসব নিয়ন্ত্রণের কারিগর ও তাঁরা।

মা মা

একটি বর্ণ-শব্দ "মা" বোধ সাগরসম
রত্নগর্ভা কর্ম গুণে দুর্লভতম
মা ই দিয়েছে মাতৃগর্ভে ভ্রূণের মৌলিক অধিকার।
দিয়েছে অদ্বিতীয়া সর্ব গুণনম্বিতা বসু মাতার কোলে থাকার অধিকার,
দেখিয়েছে প্রকৃতির আলো পান করিয়েছে প্রবিত্র প্রাণ বায়ু ;
যতনে রত্নীন স্নেহ মমতা আকাশের মতো উদার আশীর্বাদে সর্বায়ু।
যিনি জীবন দাত্রী তিনি ই আবার শ্রীবৃদ্ধির খাদ্য দাত্রী
সর্বংসহা বিদীর্ণ মেদিনীর ন্যায় মাতৃকোল সুন্দর রক্ষার্থী,
আর্ত সন্তানের ক্রন্দন তিনি বুঝেন যিনি গর্ভে দিয়েছেন স্থান।
মমতার আদরে উন্মুক্ত,
মা শিখাল সন্তানের প্রথম বুলি
চলা বলা কত কলা মায়ের কোথায় দুলি,
রোগশয্যায় eবিনিদ্রা যাপন মায়ের সর্বাগ্রদান,
ক্ষুধার জ্বালা আশ্রয় দেওয়া মা বুঝে সন্তানের প্রাণ।
শিক্ষা দীক্ষা সংস্কৃতি উদ্ভাবন কৃতি সন্তানের আনন্দ, যশ খাতির সাফল্য
গৌরবের সৌরভ মাতৃহৃদয় সদানন্দ,
সর্ব গুণের বিপরীতে নির্গুন তিনি ব্যতীত ব্যথিত আত্মদহনে ;
সুপথে ফিরিয়া নিতে সক্ষম বাহনে,
এত কর্ম গুণে মা, মা অদ্বিতীয়া জীবন গহ্বনে।

নম্র মন

নম্রমন,শুভ্র হাসি, উদার হৃদয়, তুমি যদি চাও?
নম্র উদার, মহৎ, হাসিখুশি গুনধারী স্বভাব,
মাতৃগর্ভ হইতে হয় নাই কেহ জিনপরির প্রভাব!
বাহ্যিক বয়েচলা পরিবেশ রক্ষণাবেক্ষণা মহতী ভাবনায় ;
হয়ে চলে নিশিদিন আপনার কর্মশালায়।

তড়িৎ এর ধর্ম ঋণাত্মক ধনাত্মক মিলনে আলো দীপ্তি প্রভাব,
নম্র বিনয়ি দুই চারিত্রিক মানব মানবীর কালে কালে প্রকাশ দুয়ের স্বভাব,
শিষ্ট সৃষ্টি ক্রিয়াকলাপ সংসার জীবনে দুঃখ সুখ, হাসি কান্না একে অপরের নিয়ে আসে ;
দাম্পত্য সংসার জীবনে একাকীর স্বভাব মন
বিকৃত রূপ হয় নাই কভু নিয়ে আসে নিজ নিজ প্রয়াসে।

আসে নাই আর কালবৈশাখী ঝড়

আসে নাই আর সেই কালবৈশাখী ঝড়,
থেকে থেকে আসিত যে, সেই মহাপ্রলয় কারী বিধ্বংসী ঝড়,
আর স্বস্তির নিঃশ্বাস ফেলতো সবাই এক পশলা বৃষ্টিতে;
চরম তাপমাত্রা শীতল হতে বাইরে বের হতাম একসাথে।

সময় বাড়ার সাথে সাথে
ছায়ার দৈর্ঘ্য কমার পথে,
লম্ব রশ্মি তাপ প্রখর
বিকেল হলে কালবৈশাখী অগ্নি কোণেই বহর;
সাজো সাজো সাজ জামকূল সাজ।

চাষীর ঘরে ঘরে তাড়াতাড়ি কর্মের তোড়জোড়
পরিবারগণ জানত সবাই পড়ন্ত বেলায়, মেঘেরা যুদ্ধে তৎপর;
গোলাঘরে ফসল তোলার ব্যস্ত মাঠে একে অপর,,
যখন সন্ধ্য সমাগমে মাঠের ফেরত সাথে সাথে
দমকা শীতল বাতাস বইত ফিরিবার পথে,
গোলা ঘরে উঠিবার পূর্বে মাথায় ধান খড় তখন
নিয়ে যেত উঠনে।

ধানের বোঝা ফেলায় গলায়
জল ঝড়ে বিদ্যুৎ আলো যোগায়,
কাজের শেষে যেত তারা গাছের বাগানে বাগানে,
কাঁচা আম আনারস কাঁঠাল আম লিচুর গন্ধে; মাতোয়ারা পল্লী মেয়েরা দল
বেঁধে জ্বালন আম গুড়াত,
কালবৈশাখী ঝড় বৃষ্টির শেষে, কালবৈশাখী ঝড় বৃষ্টির শেষে।

বিপন্ন শিশুর মন

বিপন্ন শিশুর মন
চরম ব্যথিত মন,
হৃদয়ে পরম ক্রন্দন।
আমি যে থাকি ;
গৃহ কোণে
মা,তোমায় ছেড়েছুড়ে।

মনে যে জাগে
প্রতি ক্ষণে ক্ষণে,
আমায় ছেড়ে!
যাও কোন জনগণে?
সকল সম্পদের সেরা সম্পদ, আমি
ডুবাইও না জনগর্ভে।

কোথায় গেলে তুমি?
পিতা নাই বলে,
যে গাছের ফল
অকালে ঝরে যায়,
যেমন থাকে না তার শোভা
ফলো ও পায় না পূর্ণতা।

যে যায় অন্য গৃহে
সবার প্রিয় নিষ্পাপ শিশু ছেড়ে,
সেও কি পায় পূর্ণতা অবাধে?
আমায় নিয়ে থাকো তুমি
রতন মানিক হব আমি
এই গৃহ আলো করে।

সুখ

সুখ কি? সুখ কি পাও?
সুখ দাও, সুখ দাও, সে আপনি পাও, পাও
চেতনার অনুভূতিতে যে দান পার্থিব অপার্থিব মান,
জীবকূলে অদৃশ্য চাওয়া পাওয়ায় আপনি সুখ পান।

শিশুরা নাহি জানে নাহি বুঝে সুখ কি?
হাসে খেলে কেবলই খাদ্য স্নেহ অন্বেষণ,
ছেলে মেয়ে সুখ খোঁজে স্বাধীনতায়
পড়াশোনায় নাই মজে, বিদ্যালতায়
খেলাধুলায় শুধু সাজে, আওতায়।

বিশ্ব মাঝারে সুখ নহে পার্থিব
সৃষ্টি করিয়া নিতে হয় প্রেমানন্দে তোমাতে আমাতে,
দয়া, দানে, সেবায়, পরার্থে আপদে বিবাদে, স্নেহাআর্তে
যেমনি প্রতিফলিত প্রতিধ্বনি বিভেদ তলাবর্তে।

সৃষ্টি হয়েছে যুগে যুগে যাযাবর
থেকেছে তারাও সুখে পরস্পর,
সভ্যতার বিশ্বে সভ্য বিনিময়ে খুজে যে সুখের স্বর্গ ;
জীবনস্রোত ধারায় ধরায়একে অপরের বর্গে।

আমরা কি মানুষ হয়েছি???

আমরা মানুষ, আমরা মানুষ দল
আমরা মানুষ শ্রেষ্ঠ জীব
আমরা মানবের কল্যাণে মঙ্গলে
আমরা তাদের ওই এক,
আমরা দেখিবো দীন দৈন্য দশা
আমরা শুনিব আর্ত পিড়ীতদের কথা।

আমরা মানুষ, আমরা মানুষ দল
আমরা রুধিব সমাজ অবক্ষয়ের প্রথা
আমরাও যে সেই সমাজের মানি,
আমরা ভাঙ্গিবো ভ্রান্ত চেতনা
উপস্থাপনা করেছি অনেক মনীষী
অবগত করাইবো তাদের মূল্য চেতনা,
আঘাত আনিব দুয়ারে দুয়ারে
স্নেহ প্রেম প্রীতির বন্ধনে।

আমরা মানুষ দল, আমরা মানুষ দল
দিয়েছি বহু মালা তাদেরই গলায়,
পেরেছে কি? তাদের কথা চেতনা ধ্যান ধারণা
জাগাইতে ক্ষীণ বাণীর আলোককণা।

আমরা মানুষ, আমরা মানুষ দল
আমাদের জন্ম যাদের গর্ভে
তাদের রেখেছে কি সুখেতে?
নিত্য দিয়েছি আঘাত অত্যাচারের বলি
করেছি অনেক অমানবিক কর্ম
নিত্য সমাজে কাগজে-যাহা পড়ি।

বিনাশ করিতেছি তাদের নির্বিচারে
যারাও করিতেছে সংগ্রামী বিশ্ব রূপকার যজ্ঞে রানী।
আমরা মানুষ, আমরা মানুষ দল
আমরা ভাঙ্গিব আমাদের বিবেক ভুল
এই করেছি পন এই করেছি পন।

শৈশব কথা

হারিয়ে গেছে কিছু স্মৃতি
জেগেছে কিছু দুঃখের স্মৃতি,
একদিন খেটেছিলাম শৈশব হতে খোলা মাঠে মাঠে
নিরন্তর ঘর্মঝরা কোদাল চালাতে চালাতে।

কোনোমতে পেটভর্ত সামান্য অর্থের বিনিময়ে
দারিদ্রতা ঘোচাতে কর্ম করতাম
মাঠে মাঠে ধান পাটে নিশিদিন,
লিখা পড়া শিখেই তুলে।

কর্মের সন্ধানে গিয়েছিলাম দূরে
কর্ম মিলিল কোনো মতে,
শিক্ষা গেছে দূরে;
মাঠ ঘাট পথ প্িরয়জন ফেলে,
সকল সহপাঠী সঙ্গী সাথী
যাদের সঙ্গে খেলতাম একসাথে যেতাম স্কুলে।

কতসব খেলায় বচসা বাঁধিত, পড়ায় রাগারাগি হত
আবার মিলন হতো সমাদরে।
শেষ অবধি শুধু স্মৃতি,
বড় হয়েছি সবে ছোট হয়েছি স্মৃতিতে।

কয়েক বছর পর গেলাম জন্মস্থানে
আর কর্ম সাথী স্মৃতি সব নেই,
সকলেই গেছে কর্ম পথে
রয়ে আছে সব সবার স্মৃতি।

মাঠ ভরেছে জলে

ঘর হয়েছে ইঁটের,
রাস্তায় তাকালাম
আম জাম কাঁঠাল, পিয়ারা লিচু জামরুলের মেলা।

খিরিশ অজনি তেতুল কিছু গেছে কেটে বিক্রিতে,
খেলার মাঠ ভরে গেছে গৃহে গৃহে,
ছেলেদের খেলার স্থানটুকুন প্রায় নেই!
আর কি খেলাপড়া দল আমাদের মত এইসব শিশুর আছে!

শিশুরা এসে জিজ্ঞাসা করে
কে? মায়ের সম্বোধনে চায়ে,
মোর পানে চায় অবাধ অবাক দৃষ্টিতে
সাক্ষাৎ মিলে পূর্বের সঙ্গী সাথীতে।

বেশ কিছু গেছে দূরে কর্মে
পেটের দায়ে সংসার চালাতে,
আমিও গেছিলাম তাদের এই মত;
আজ সব মনে পড়ে পরিস্থিতি স্মৃতি কর্মকথা।

বড় দুঃখী এ মন,
আজীবন!
কেউ নেই আমার অঙ্গ আপনজন
ভিটেতে না থাকায় এ দেহ মন।

এ কেমন প্রতিবাদ

প্রতিবাদ, প্রতিবাদ, এ কেমন প্রতিবাদ
অন্যায়ের প্রতিবাদ, অন্যায় করে নয়
অন্যায়ের জন্য অন্যের জন্য ন্যায় ভাবে হও আগোয়ান,
না পায় যেন কলঙ্কের কালি।

গুলি দিয়ে নয় মুখের গুলিতে করো কাবু
সরাসরি যুদ্ধ নয়, মাথার বুদ্ধিতে কর,
আন্দোলন করো বোমা ফাটিয়ে নয়,
বারুদের গন্ধ তোমরাও পাবে।

মুখের আওয়াজে ধাওয়া করো
যত অস্ত্র আছে তাকে ত্যাগ করো,
নইলে রক্তের স্রোত স্নান হবে উত্তরণ ;
মনের স্রোতে ভাসো একত্রে,
হবে জয়, হবে জয়, জয় হবেই।

বিপ্লব করো তাণ্ডব নয়, লণ্ডভণ্ডনয়,
তোলো পতাকা স্লোগানে স্লোগানের ঝড়,
ছড়া ও নীতি বাক্য যুক্তি আইন,
আকাশে বাতাসে ধরাতলে সর্বত্রে।

পায় যেন তা জনগণই জনগণে,
কাগজে কাগজে, খবরে খবরে বইতে, বইতে
আসিবে সোনাঝরা সবুজ প্রভাত,
শান্ত আকাশ শান্ত ধরণী তল শান্ত বাতাস।

হৃদয়ে জ্বলে প্রতিবাদীর আগুন
ঢালো তাতে অশ্রু জল, মায়া জল

সম্পদ জ্বালিয়ে নয়, ক্ষেত্রে আগুনে নয়,
ওযে তোমাদেরই একজন তোমাদেরই।

আকাশে উঠাও রামের ধনুক,
জনগণের কল্যাণে, মঙ্গলে নির্বিঘ্নে থাকিতে বাঁচিতে,
প্রতিবাদের হবে জয়, বিপ্লবের হবে জয়,
আজও অম্লান অন্যায় সপ্ত রথীতে অভিমুন্য বধ।

ও প্রতিবাদীর দল, ও আন্দোলন কারী দল
বধ করো অন্যায়, বধ করো অন্যায়,
বোধ করো জ্ঞানে, পন করো প্রাণে;
প্রতিবাদীদের হবে জয় সমাজ জানে জনগণে।

নম্র

নম্রমন শুভ্রহাসি, উদার হৃদয় তুমি যদি চাও,
নম্র উদার মহৎ, হাসিখুশি গুণধারী সুন্দর স্বভাব,
মাতৃগর্ভ হইতেই হয় নাই কেউ, নাই কেহ জিনপরিপ্রভাভ।
বাহ্যিক বয়ে চলা পরিবেশ রক্ষণাবেক্ষণ মহৎ ভাবনায়,
হয়ে চলে নিশিদিন আপনার কর্মশালায়।

তড়িতের ধর্ম ধনাত্মক ঋণাত্ম মিলনে আলো দীপ্তি প্রভাব,
নম্র বিনয়ী দুই চারিত্রিক মানব মানবীর
কালে কালে, প্রকাশ দুইয়েরই স্বভাব
সৃষ্ট ক্রিয়াকর্ম সংসার জীবনে দুঃখ সুখ হাসি কান্নাএকে অপরের,
দাম্পত্য সংসার জীবন একাকির স্বভাব মন, বিকৃতি রূপ হয় নাই কভু
নিয়ে আসে নিজ নিজ প্রয়াসে।

কল্পনা

নতুন কল্পনাতে
আদি পৃথিবীতে
সৃষ্টি আনিতে
উলটপালট হয়েছিল
মৃত্তিকা গড়তে গর্তে।

জলের সিঞ্চন
সৃষ্টির প্রাণের স্পন্দন
এসেছিল সৃষ্টির পরম পিতা
সূর্যালোক।

নব নব উদ্ভাবনে
শিক্ষা দীক্ষা নিয়ে
নাড়ানাড়ি করে
কল্পনাকে।

কিছু তো হবেই ভালো মন্দ
আবিষ্কার।

আসিবে জল্পনা
বিশ্বেরা জানাবে গান
পাবে সম্মান গৌরব
মঙ্গল হবে সমাজ।

বসে থাকবো না আজ!
বসে থাকবো না আজ
যে যার করুক তার কাজ
পড়ে রবো দিবানিসি খুঁটিনাটি নিয়ে

যেমন করেছিল আবিষ্কার করা।

পথ দেখায় ম বলরে
জ্ঞানী গুণী মহাপুরুষ বিজ্ঞানীরা
কত যন্ত্রনা কত লাঞ্ছনা বঞ্জনা
অবিরত শ্মশানে শিকার
আজ তারা শিহরে শিখরে
দেশের যাহা আছে সভায় সম্বল
তাই নিয়ে নতুন করিব উদ্ভাবন।

ফুল ফুল

ফুল ফোটে বনে বনে বাগানে বাগানে
মন ফোটে গৃহ বাগানে বাগানে,
রঙিন ফুল চমক আনে হৃদয় গহ্বনে,
এদিক ওদিক মাথা দোলায় সুখের সমীরণে।

শিশির ফুলে আলোর ছটায় ছটা মেলে চোখের পলকে
গন্ধ ছড়ায় আপন পাড়ায় পাড়ায়,
মৌমাছি প্রজাপতি সব ফুলে ফুলে মত্ত হয়ে জড়ায়।

পাশাপাশি গন্ধ ছড়ায় রাতারাতি
দিন হারিয়ে শেষে আসে যে রাত, সুগন্ধে মাতি,
দিন আসে রাত যায় কর্মের বাড়াবাড়ি
কখন যে ফোটা ফুল টুডে যায় গড়াগড়ি।

রয়ে যায় পড়শীতে আপন সুগন্ধের সুবাস
মানব জীবন খুঁজে পায় তার অস্তিত্ব থাকে যদি শিক্ষায় নিবাস।

অটুট থাকুক নিবিড় বন্ধন

যে জামাই, বৌমা, দম্পতি উভয় মেরুতে
নিবিড় বন্ধন অটুট থাকুক দুই সংসারতে,
উদার হৃদয় বন্ধনে চলে জীবন স্রোত এক সূত্রে;
বিচ্ছেদ যেন না হয়, আসে চাওয়া পাওয়া, ইচ্ছা বাসনায় লিপ্ত, অশ্রু নেত্রে।

যে সুখময় সংসার স্বর্গ রচিআছে পিতা-মাতা,
সূক্ষ্ম আশায় বিবাদ যেন না হয় স্থূল অপবিত্রতা,
পবিত্র সংসার মন্দির পরিবারগণ শাশ্বত হোক বোঝাপড়ায়
পুত্র পুত্রীর কল্যাণ হোক জীবন গড়ায়।

প্রাঙ্গনে হোলি

আজ মোদের আলয়ে আলয়ে,
দুয়ারে দুয়ারে বসন্ত এসেছে,
রাঙিয়েছো রেঙেছ প্রাঙ্গনপথ, আকাশ, মন্দির, লোকালয়
রামধনু রঙে রেঙেছে গৃহ প্রাঙ্গণ,
আরো রঙে আরো আনন্দে উল্লাসে।

সবার মুখে রঙিন চিত্র
যায় না চেনা আপনজন,
গায়ের বসন যেন প্রজাপতি পাখনা মেলে ;
খুলছে দোর আজ আসছে সবাই।

তাদের মতে নাচছে সবাই
গৌরাঙ্গের তালে, উড়ছে আবির,
আকাশ ছেয়ে আবিররঙে;
বসন্তের দক্ষিণ বাতাস
নিয়ে যায় সবার ঘরে।

অঙ্গদুলে বেসুর তালে
দোলে দোলে দোলা দিয়ে দিয়ে,
পায়ের তলা হচ্ছে পিছল;
রঙের জলে উঠোন বিভোর
দোল দোল গৃহের প্রাঙ্গণে দোল।

সন্ধ্যা প্রদীপ দিতে দিতে

সন্ধ্যায় প্রদীপ জালি সন্ধ্যা দিতে
তার সাথে ধূপ হাতে শঙ্খ কাঁসর,
আরতি সমাপনান্তে,
সহসা হৃদয়ে তুমি কোন অচিন পুত্র?
সামনে এসে দাঁড়ালে তুমি
নয়ন ভরে দেখি তোমায়!
ভাবি আপন দেবতায় হৃদয়সুধা ঢালি নির্দ্বিধায়।
প্রণামন্তে বক্ষে টেনে আশীর্বাদ দেবে তুমি আমায়।
আরাধনা করবো তোমায়
পূজিব দেবতা রূপে,
চিরকাল রাখিবো তোমায় গৃহে
হৃদয় মন্দিরে, হৃদয় মন্দিরে।
সংসার পুণ্য স্থানে
দেবস্থান;
তোমায় নিভৃত নির্জনালয়ে
সেবা দিব সবার আগে,
সোহাগ জানাব একে একে।

এ কোন শাসন

এ কোন শাসন? এ কোন শাসন?
জোর করে, বল প্রয়োগে শাসন করো,
যাদের দ্বারা নির্বাচিত তাদের কর বঞ্চিত
অত্যাচারের সিংহভাগের সিংহের আচরণ ;
ক্ষমতার অধীশ্বর নলের মুখে মারো গণে,
পিটাতে পিটাতে মারতে মারতে তাড়াতে নামাও ফৌজ।

জনগণের দশদশা নষ্ট করো
যাদের কল্যাণের নামে অকল্যাণ,
বাঁচার আশা শেষবার মনে আগুন লাগিয়ে,
এ কোন ধরনের তোমার প্রকাশ।

তোমার নেয় জনগণের অন্যায়!
অন্যায়ের বিচারে প্রতিবাদীরা জানায় অবেদন
তাদের ধ্বংস করো মেরে পথ তৈরি কর।
আহ্বান করো না বুকের ভাষা শোনো না এক পলক;

আর্তনাদ নির্বিচাররা হলো সর্বহারা দল।
এ মানব তরী বাইবে কেমনে জনসগরে,
তাদের যদি কল্যাণ না হয় মানে গুনে
এ তরী বাইবে কেমনে ডুববে জনসমুদ্রে।

অলস বন্ধু

অলস বন্ধু তুমি বোকা
গাদা গাদা বই পড়ে,
নিজের আত্মাকে দিচ্ছ ধোঁকা।
কর্ম বিমুখ হয়ে বসে রয়েছো গোপনে
বিশাল কর্মপ্রবাহে দেখে নাও নয়নে
শিক্ষা বুদ্ধি দিয়ে বেছে নাও, যে কোনো,
এক মনে এক মনে।

তুমি যে আলয় বড় হয়ে রয়েছ,
যে তোমার পিতা মাতা সঙ্গে কোন এক কাজ করেছ
সকাল হতে সন্ধ্যে শিখেছ কোনো কাজ,
দিন না গুনে লেগে যাওয়া আপন গুণে।

প্রভাত বেলায় যেমন মা ছাড়া পাখিরা
যায় নিজ নিজ ক্ষুধা নিবৃত্তিতেহারা,
ধোঁয়া, ধুলা, কাদা প্রস্তর পিচে কলমে বিশাল কর্মময়,
পিপীলিকার মত যাচ্ছে ট্রেনে বাসে টোটো সাইকেলে।

দেখে নাও বুঝে নাও নিজের সামর্থ্য বিবেকে
দাও পাড়ি ক্ষুদ্রে, ক্ষুদ্র ক্ষুদ্র হবে কর্ম বিশাল কর্ম প্রতিদান।
মুবাইল রাখ, সঙ্গ ছাড়ো নেশা ছাড়ো কাটাও জড়তা
মগজ কলম ধরে ও যাও বাহুবলে দীক্ষা বলে গড়তায়।

ভালোবাসা দাও গো

ছোটো ছোটো বাচ্চা মোরা
নেই মোদের জ্ঞান, বিবেক বুদ্ধি
আছে শুধু দুরন্ত আশা ;
চাই শুধু একরাশ পবিত্র ভালোবাসা।

আমাদের তোমরা করোনা শাসন
বোকোনা মেরোনা করতে আশা পূরণ,
আদর কর, স্নেহ কর মায়া মমতায় কর বশ;
অন্তরে যা আছে দেবতা যশ
সকল চাওয়া সকল পাওয়া
নয় সে এক সবার হওয়া।

সবার আছে চেষ্টা, সবার নিষ্ঠা আছে, নিষ্ঠা
সবার বোধ বুদ্ধি বিকাশ হয় না যে এক
নয় সে নির্গুণ, কিছু তো আছে গুন।
ভালবাসো, ভালবাসো মোদের
দূরে সরিয়ে দিওনা, দিওনা মোদের।

যেমন করে বাগানের ফুল,
একরকম হয় না, ফুটে না, ফুটে না একসময় ;
মৌমাছির পরশ পায় না তাও সবাই,
নষ্ট কি হয়ে যায় সেই ফুল?
ভালোবাসা দাও, ফল যশ আশা নাও।

www.ingramcontent.com/pod-product-compliance
Lightning Source LLC
LaVergne TN
LVHW050858051026
849532LV00006BA/2297